Delikate Chinesische Köstlichkeiten
Eine Reise durch die Aromen Chinas

Mei Lin

Inhaltsverzeichnis

Garnelen mit Litschisauce *10*
Gebratene Garnelen mit Mandarine *11*
Garnelen mit Zuckererbsen *12*
Garnelen mit chinesischen Pilzen *13*
Sautierte Garnelen und Erbsen *14*
Garnelen mit Mango-Chutney *16*
Peking-Garnelen *18*
Garnelen mit Paprika *19*
Sautierte Garnelen mit Schweinefleisch *19*
Gebratene Garnelen mit Sherrysauce *21*
Gebratene Garnelen mit Sesam *22*
In der Schale gebratene Garnelen *23*
Frittierte Garnelen *24*
Garnelen-Tempura *25*
Kaugummi *26*
Garnelen mit Tofu *27*
Garnelen mit Tomate *28*
Garnelen mit Tomatensauce *29*
Garnelen mit Tomaten-Chile-Sauce *30*
Gebratene Garnelen mit Tomatensauce *31*
Garnelen mit Gemüse *32*
Garnelen mit Wasserkastanien *33*
Garnelen-Wan-Tan *34*
Abalone mit Hühnchen *35*
Abalone mit Spargel *36*
Abalone mit Pilzen *38*
Abalone mit Austernsauce *39*
gedämpfte Muscheln *40*
Muscheln mit Sojasprossen *40*
Muscheln mit Ingwer und Knoblauch *42*
Sautierte Muscheln *43*
Krabbenkuchen *44*

Krabbencreme *45*
Krabbenfleisch mit chinesischen Blättern *46*
Foo-Yung-Krabbe mit Sojasprossen *47*
Krabbe mit Ingwer *48*
Krabbe Lo Mein *49*
Gebratene Krabben mit Schweinefleisch *51*
Gebratenes Krabbenfleisch *52*
Frittierte Tintenfischbällchen *53*
Kantonesischer Hummer *54*
Gebratener Hummer *55*
Gedämpfter Hummer mit Schinken *56*
Hummer mit Pilzen *57*
Hummerschwänze mit Schweinefleisch *58*
Sautierter Hummer *59*
Hummernester *60*
Muscheln in schwarzer Bohnensauce *62*
Muscheln mit Ingwer *63*
Gedämpfte Muscheln *64*
Gebratene Austern *65*
Austern mit Speck *66*
Gebratene Austern mit Ingwer *67*
Austern mit schwarzer Bohnensauce *68*
Jakobsmuscheln mit Bambussprossen *69*
Jakobsmuscheln mit Ei *70*
Jakobsmuscheln mit Brokkoli *71*
Jakobsmuscheln mit Ingwer *73*
Jakobsmuscheln mit Schinken *74*
Jakobsmuschel-Rührei mit Kräutern *75*
Jakobsmuschel und Zwiebeln anbraten *76*
Jakobsmuscheln mit Gemüse *77*
Jakobsmuscheln mit Paprika *78*
Tintenfisch mit Sojasprossen *79*
Fritierter Tintenfisch *81*
Tintenfischpakete *82*
Frittierte Tintenfischröllchen *84*
Sautierte Calamari *85*

Tintenfisch mit getrockneten Pilzen	86
Tintenfisch mit Gemüse	87
Mit Anis geschmortes Rindfleisch	88
Rindfleisch mit Spargel	89
Rindfleisch mit Bambussprossen	90
Rindfleisch mit Bambussprossen und Pilzen	91
Chinesischer geschmortes Rindfleisch	92
Rindfleisch mit Sojasprossen	93
Rindfleisch mit Broccoli	94
Sesam-Rindfleisch mit Brokkoli	95
Gebratenes Fleisch	97
Kantonesisches Rindfleisch	98
Rindfleisch mit Karotten	99
Rindfleisch mit Cashewnüssen	100
Slow Cooker Rindfleischauflauf	101
Rindfleisch mit Blumenkohl	102
Rindfleisch mit Sellerie	103
Gebratene Rindfleischscheiben mit Sellerie	104
Geschnetzeltes Rindfleisch mit Hühnchen und Sellerie	105
Rindfleisch mit Chile	106
Rindfleisch mit Chinakohl	108
Rinder-Chop-Suey	109
Rindfleisch mit Gurke	110
Beef Chow Mein	111
Gurkenfilet	113
Gebackenes Rindfleisch-Curry	114
Einfache Hähnchenpfanne	116
Hähnchen in Tomatensauce	118
Huhn mit Tomaten	119
Pochiertes Hähnchen mit Tomaten	120
Hähnchen und Tomaten mit schwarzer Bohnensauce	121
Schnell gekochtes Hähnchen mit Gemüse	122
Huhn mit Walnüssen	123
Huhn mit Walnüssen	124
Huhn mit Wasserkastanien	125
Gesalzenes Hähnchen mit Wasserkastanien	126

Hühnchen-Wan-Tan	128
Knusprige Hähnchenflügel	129
Hähnchenflügel mit fünf Gewürzen	130
Marinierte Hähnchenflügel	131
Echte Chicken Wings	133
Hähnchenflügel mit Gewürzen	135
gegrillte Hähnchenschenkel	136
Hoisin-Hähnchenschenkel	137
Geschmortes Hähnchen	138
Knusprig frittiertes Hühnchen	139
Ganzes gebratenes Huhn	141
Hähnchen mit fünf Gewürzen	142
Huhn mit Ingwer und Schnittlauch	144
Pochiertes Hähnchen	145
Rotes gekochtes Huhn	146
Hähnchen mit Gewürzen in Rot gegart	147
Gebratenes Hähnchen mit Sesam	148
Huhn in Sojasauce	149
gedämpftes Hähnchen	150
Gedämpftes Hähnchen mit Anis	151
Seltsam schmeckendes Hühnchen	152
Knusprige Hähnchenstücke	153
Huhn mit grünen Bohnen	154
Gekochtes Hähnchen mit Ananas	155
Hähnchen mit Paprika und Tomaten	156
Sesame Chicken	157
frittierte Stubenküken	158
Truthahn mit Zuckererbsen	159
Truthahn mit Paprika	161
Chinesischer Truthahnbraten	163
Truthahn mit Walnüssen und Pilzen	164
Ente mit Bambussprossen	165
Ente mit Sojasprossen	166
Geschmorte Ente	167
Gedämpfte Ente mit Sellerie	168
Ente mit Ingwer	169

Ente mit grünen Bohnen	*171*
Gebratene gedämpfte Ente	*173*
Ente mit exotischen Früchten	*174*
Geschmorte Ente mit chinesischen Blättern	*176*
betrunkene Ente	*177*
Fünf-Gewürze-Ente	*179*
Sautierte Ente mit Ingwer	*180*
Ente mit Schinken und Lauch	*181*
In Honig gebratene Ente	*182*
Feucht gebratene Ente	*183*
Sautierte Ente mit Pilzen	*185*
Ente mit zwei Pilzen	*187*
Geschmorte Ente mit Zwiebeln	*188*
Ente mit Orange	*190*
Gebratene Ente mit Orange	*191*
Ente mit Birnen und Kastanien	*192*
Pekingente	*193*
Geschmorte Ente mit Ananas	*196*
Sautierte Ente mit Ananas	*197*
Ente mit Ananas und Ingwer	*199*
Ente mit Ananas und Litschis	*200*
Ente mit Schweinefleisch und Kastanien	*201*
Ente mit Kartoffeln	*202*
Rote gekochte Ente	*204*
In Reiswein gebratene Ente	*205*
Gedämpfte Ente mit Reiswein	*206*
Gesalzene Ente	*207*
Gesalzene Ente mit grünen Bohnen	*208*
Langsam gegarte Ente	*210*
Sautierte Ente	*212*
Ente mit Süßkartoffeln	*213*
süß-saure Ente	*215*
Mandarinente	*217*
Ente mit Gemüse	*217*
Sautierte Ente mit Gemüse	*219*
Weiße gekochte Ente	*221*

Ente mit Wein.. 222

Garnelen mit Litschisauce

Für 4 Personen

50 g / 2 oz / ¬Ω Einzelbecher (Allzweck)

Mehl

2,5 ml / ¬Ω Teelöffel Salz

1 Ei, leicht geschlagen

30 ml / 2 Esslöffel Wasser

450 g / 1 Pfund geschälte Garnelen

Öl zum braten

30 ml / 2 Esslöffel Erdnussöl

2 Scheiben Ingwerwurzel, gehackt

30 ml / 2 Esslöffel Weinessig

5 ml / 1 Teelöffel Zucker

2,5 ml / ¬Ω Teelöffel Salz

15 ml / 1 Esslöffel Sojasauce

200 g Litschis aus der Dose, abgetropft

Mehl, Salz, Ei und Wasser zu einem Teig verrühren, bei Bedarf noch etwas Wasser hinzufügen. Mit den Garnelen vermischen, bis sie gut bedeckt sind. Das Öl erhitzen und die Garnelen einige Minuten darin braten, bis sie knusprig und goldbraun sind. Auf Küchenpapier abtropfen lassen und auf einen warmen Servierteller legen. In der Zwischenzeit das Öl erhitzen und den

Ingwer 1 Minute lang anbraten. Weinessig, Zucker, Salz und Sojasauce hinzufügen. Die Litschis dazugeben und rühren, bis sie heiß und mit Soße bedeckt sind. Über die Garnelen gießen und sofort servieren.

Gebratene Garnelen mit Mandarine

Für 4 Personen

60 ml / 4 Esslöffel Erdnussöl

1 zerdrückte Knoblauchzehe

1 Scheibe Ingwerwurzel, gehackt

450 g / 1 Pfund geschälte Garnelen

30 ml / 2 Esslöffel Reiswein oder trockener Sherry 30 ml / 2 Esslöffel Sojasauce

15 ml / 1 Esslöffel Speisestärke (Maisstärke)

45 ml / 3 Esslöffel Wasser

Das Öl erhitzen und den Knoblauch und den Ingwer anbraten, bis sie leicht goldbraun sind. Die Garnelen dazugeben und 1 Minute braten. Den Wein oder Sherry hinzufügen und gut umrühren.

Sojasauce, Maisstärke und Wasser hinzufügen und 2 Minuten anbraten.

Garnelen mit Zuckererbsen

Für 4 Personen

5 getrocknete chinesische Pilze

225 g Sojasprossen

60 ml / 4 Esslöffel Erdnussöl

5 ml / 1 Teelöffel Salz

2 Stangen Sellerie, gehackt

4 Frühlingszwiebeln (Frühlingszwiebeln), gehackt

2 Knoblauchzehen, zerdrückt

2 Scheiben Ingwerwurzel, gehackt

60 ml / 4 Esslöffel Wasser

15 ml / 1 Esslöffel Sojasauce

15 ml / 1 Esslöffel Reiswein oder trockener Sherry

225 g Zuckerschoten

225 g geschälte Garnelen

15 ml / 1 Esslöffel Speisestärke (Maisstärke)

Die Pilze 30 Minuten in warmem Wasser einweichen und dann abtropfen lassen. Die Stiele entfernen und die Spitzen abschneiden. Die Sojasprossen in kochendem Wasser 5 Minuten blanchieren und gut abtropfen lassen. Die Hälfte des Öls erhitzen, Salz, Sellerie, Frühlingszwiebeln und Sojasprossen 1 Minute anbraten und dann aus der Pfanne nehmen. Das restliche Öl erhitzen und Knoblauch und Ingwer anbraten, bis sie leicht goldbraun sind. Die Hälfte des Wassers, Sojasauce, Wein oder Sherry, Zuckerschoten und Garnelen hinzufügen, aufkochen und 3 Minuten köcheln lassen. Die Speisestärke und das restliche Wasser zu einer Paste vermischen, in die Pfanne rühren und bei schwacher Hitze unter Rühren kochen, bis die Soße eindickt. Das Gemüse wieder in die Pfanne geben und köcheln lassen, bis es durchgewärmt ist. Sofort servieren.

Garnelen mit chinesischen Pilzen

Für 4 Personen

8 getrocknete chinesische Pilze
45 ml / 3 Esslöffel Erdnussöl (Erdnussöl).
3 Scheiben Ingwerwurzel, gehackt

450 g / 1 Pfund geschälte Garnelen
15 ml / 1 Esslöffel Sojasauce
5 ml / 1 Teelöffel Salz
60 ml / 4 Esslöffel Fischbrühe

Die Pilze 30 Minuten in warmem Wasser einweichen und dann abtropfen lassen. Die Stiele entfernen und die Spitzen abschneiden. Die Hälfte des Öls erhitzen und den Ingwer anbraten, bis er leicht goldbraun ist. Garnelen, Sojasauce und Salz hinzufügen und anbraten, bis sie mit Öl bedeckt sind, dann aus der Pfanne nehmen. Das restliche Öl erhitzen und die Pilze anbraten, bis sie mit Öl bedeckt sind. Brühe hinzufügen, zum Kochen bringen, abdecken und 3 Minuten köcheln lassen. Geben Sie die Garnelen zurück in die Pfanne und rühren Sie, bis sie durchgewärmt sind.

Sautierte Garnelen und Erbsen

Für 4 Personen
450 g / 1 Pfund geschälte Garnelen
5 ml / 1 Teelöffel Sesamöl
5 ml / 1 Teelöffel Salz

30 ml / 2 Esslöffel Erdnussöl
1 zerdrückte Knoblauchzehe
1 Scheibe Ingwerwurzel, gehackt
225 g/8 Unzen blanchierte oder gefrorene Erbsen, aufgetaut
4 Frühlingszwiebeln (Frühlingszwiebeln), gehackt
30 ml / 2 Esslöffel Wasser
Salz und Pfeffer

Die Garnelen mit Sesamöl und Salz vermischen. Das Öl erhitzen und Knoblauch und Ingwer 1 Minute anbraten. Die Garnelen dazugeben und 2 Minuten braten. Die Erbsen dazugeben und 1 Minute anbraten. Frühlingszwiebeln und Wasser dazugeben und mit Salz und Pfeffer und nach Wunsch noch etwas Sesamöl würzen. Vor dem Servieren unter sorgfältigem Rühren erhitzen.

Garnelen mit Mango-Chutney

Für 4 Personen

12 Garnelen

Salz und Pfeffer

Saft von 1 Zitrone

30 ml / 2 Esslöffel Maismehl (Maisstärke)

1 Griff

5 ml / 1 Teelöffel Senfpulver

5 ml / 1 Teelöffel Honig

30 ml / 2 Esslöffel Kokoscreme

30 ml / 2 Esslöffel mildes Currypulver

120 ml / 4 fl oz / ¬Ω Tasse Hühnerbrühe

45 ml / 3 Esslöffel Erdnussöl (Erdnussöl).

2 Knoblauchzehen, gehackt

2 Frühlingszwiebeln (Frühlingszwiebeln), gehackt

1 Fenchelknolle, gehackt

100 g Mango-Chutney

Die Garnelen schälen, dabei die Schwänze intakt lassen. Mit Salz, Pfeffer und Zitronensaft bestreuen und dann mit der Hälfte des Maismehls bedecken. Schälen Sie die Mango, schneiden Sie das Fruchtfleisch vom Stein und schneiden Sie das Fruchtfleisch anschließend in Würfel. Senf, Honig, Kokoscreme, Currypulver, restliche Speisestärke und Brühe verrühren. Die Hälfte des Öls erhitzen und Knoblauch, Frühlingszwiebeln und Fenchel 2 Minuten anbraten. Brühe hinzufügen, zum Kochen bringen und 1 Minute köcheln lassen. Mangowürfel und Chutney dazugeben und leicht erhitzen, dann auf einen warmen Servierteller geben. Das restliche Öl erhitzen und die Garnelen 2 Minuten braten. Auf dem Gemüse anrichten und sofort servieren.

Peking-Garnelen

Für 4 Personen

30 ml / 2 Esslöffel Erdnussöl

2 Knoblauchzehen, zerdrückt

1 Scheibe Ingwerwurzel, fein gehackt

225 g geschälte Garnelen

4 Frühlingszwiebeln (Frühlingszwiebeln), in dicke Scheiben geschnitten

120 ml / 4 fl oz / ¬Ω Tasse Hühnerbrühe

5 ml / 1 Teelöffel brauner Zucker

5 ml / 1 Teelöffel Sojasauce

5 ml / 1 Teelöffel Hoisinsauce

5 ml / 1 Teelöffel Tabasco-Sauce

Das Öl mit Knoblauch und Ingwer erhitzen und anbraten, bis der Knoblauch leicht goldbraun ist. Die Garnelen dazugeben und 1 Minute braten. Die Frühlingszwiebeln dazugeben und 1 Minute anbraten. Restliche Zutaten hinzufügen, zum Kochen bringen, abdecken und 4 Minuten köcheln lassen, dabei gelegentlich umrühren. Überprüfen Sie die Gewürze und fügen Sie nach Belieben noch etwas Tabasco-Sauce hinzu.

Garnelen mit Paprika

Für 4 Personen

30 ml / 2 Esslöffel Erdnussöl
1 grüne Paprika in Stücke schneiden
450 g / 1 Pfund geschälte Garnelen
10 ml / 2 Teelöffel Speisestärke (Maisstärke)
60 ml / 4 Esslöffel Wasser
5 ml / 1 Teelöffel Reiswein oder trockener Sherry
2,5 ml / ½ Teelöffel Salz
45 ml / 2 Esslöffel Tomatenpüree (Paste)

Das Öl erhitzen und die Paprika 2 Minuten anbraten. Garnelen und Tomatenpüree dazugeben und gut umrühren. Maismehlwasser, Wein oder Sherry und Salz zu einer Paste vermischen, in die Pfanne rühren und bei schwacher Hitze unter Rühren kochen, bis die Sauce klar wird und eindickt.

Sautierte Garnelen mit Schweinefleisch

Für 4 Personen

225 g geschälte Garnelen
100 g mageres Schweinefleisch, zerkleinert
60 ml / 4 Esslöffel Reiswein oder trockener Sherry
1 Eiweiß
45 ml / 3 Esslöffel Maismehl (Maisstärke)
5 ml / 1 Teelöffel Salz
15 ml / 1 Esslöffel Wasser (optional)
90 ml / 6 Esslöffel Erdnussöl
45 ml / 3 Esslöffel Fischbrühe
5 ml / 1 Teelöffel Sesamöl

Legen Sie die Garnelen und das Schweinefleisch auf separate Teller. Mischen Sie 45 ml/3 EL Wein oder Sherry, Eiweiß, 30 ml/2 EL Maisstärke und Salz zu einem lockeren Teig und fügen Sie bei Bedarf Wasser hinzu. Die Mischung auf das Schweinefleisch und die Garnelen verteilen und gut vermischen, damit sie gleichmäßig bedeckt sind. Das Öl erhitzen und das Schweinefleisch und die Garnelen darin einige Minuten goldbraun braten. Aus der Pfanne nehmen und alles bis auf 15 ml/1 EL Öl hineingießen. Brühe mit restlichem Wein oder Sherry und Maismehl in die Pfanne geben. Zum Kochen bringen und unter Rühren köcheln lassen, bis die Sauce eindickt. Über die Garnelen und das Schweinefleisch gießen und mit Sesamöl bestreut servieren.

Gebratene Garnelen mit Sherrysauce

Für 4 Personen

50 g / 2 oz / ¬Ω Tasse einfaches Mehl (Allzweck)
2,5 ml / ¬Ω Teelöffel Salz
1 Ei, leicht geschlagen
30 ml / 2 Esslöffel Wasser
450 g / 1 Pfund geschälte Garnelen
Öl zum braten
15 ml / 1 Esslöffel Erdnussöl
1 Zwiebel fein gehackt
45 ml / 3 Esslöffel Reiswein oder trockener Sherry
15 ml / 1 Esslöffel Sojasauce
120 ml / 4 fl oz / ¬Ω Tasse Fischbrühe
10 ml / 2 Teelöffel Speisestärke (Maisstärke)
30 ml / 2 Esslöffel Wasser

Mehl, Salz, Ei und Wasser zu einem Teig verrühren, bei Bedarf noch etwas Wasser hinzufügen. Mit den Garnelen vermischen, bis sie gut bedeckt sind. Das Öl erhitzen und die Garnelen einige Minuten darin braten, bis sie knusprig und goldbraun sind. Auf

Küchenpapier abtropfen lassen und auf eine warme Servierplatte legen. In der Zwischenzeit das Öl erhitzen und die Zwiebel anbraten, bis sie weich ist. Wein oder Sherry, Sojasauce und Brühe hinzufügen, aufkochen und 4 Minuten köcheln lassen. Maisstärke und Wasser zu einer Paste vermischen, in die Pfanne rühren und bei schwacher Hitze unter Rühren kochen, bis die Soße klar wird und eindickt. Die Soße über die Garnelen gießen und servieren.

Gebratene Garnelen mit Sesam

Für 4 Personen
450 g / 1 Pfund geschälte Garnelen
¬Ω Eiweiß
5 ml / 1 Teelöffel Sojasauce
5 ml / 1 Teelöffel Sesamöl
50 g / 2 oz / ¬Ω Tasse Maismehl (Maisstärke)
Salz und frisch gemahlener weißer Pfeffer
Öl zum braten
60 ml / 4 Esslöffel Sesamkörner
Salatblätter

Die Garnelen mit Eiweiß, Sojasauce, Sesamöl, Maisstärke, Salz und Pfeffer vermischen. Wenn die Mischung zu dick ist, fügen Sie etwas Wasser hinzu. Das Öl erhitzen und die Garnelen einige Minuten darin braten, bis sie leicht goldbraun sind. In der Zwischenzeit die Sesamkörner in einer trockenen Pfanne kurz goldbraun rösten. Die Garnelen abtropfen lassen und mit den Sesamkörnern vermischen. Auf einem Salatbett servieren.

In der Schale gebratene Garnelen

Für 4 Personen

60 ml / 4 Esslöffel Erdnussöl

750 g / 1¬Ω lb ungeschälte Garnelen

3 Frühlingszwiebeln (Frühlingszwiebeln), gehackt

3 Scheiben Ingwerwurzel, gehackt

2,5 ml / ¬Ω Teelöffel Salz

15 ml / 1 Esslöffel Reiswein oder trockener Sherry

120 ml / 4 fl oz / ¬Ω Tasse Tomatensauce (Ketchup)

15 ml / 1 Esslöffel Sojasauce

15 ml / 1 Esslöffel Zucker

15 ml / 1 Esslöffel Speisestärke (Maisstärke)

60 ml / 4 Esslöffel Wasser

Erhitzen Sie das Öl und braten Sie die Garnelen 1 Minute lang, wenn sie gekocht sind, oder bis sie rosa werden, wenn sie roh sind. Frühlingszwiebeln, Ingwer, Salz und Wein oder Sherry hinzufügen und 1 Minute anbraten. Tomatensauce, Sojasauce und Zucker hinzufügen und 1 Minute anbraten. Speisestärke und Wasser mischen, in die Pfanne rühren und bei schwacher Hitze unter Rühren kochen, bis die Soße klar wird und eindickt.

Frittierte Garnelen

Für 4 Personen

75 g / 3 oz / gehäufte ¬° Tasse Maismehl (Maisstärke)
1 Eiweiß
5 ml / 1 Teelöffel Reiswein oder trockener Sherry
Salz
350 g geschälte Garnelen
Öl zum braten

Maisstärke, Eiweiß, Wein oder Sherry und eine Prise Salz zu einem dicken Teig verrühren. Tauchen Sie die Garnelen in den

Teig, bis sie gut bedeckt sind. Das Öl mäßig heiß erhitzen und die Garnelen darin einige Minuten goldbraun braten. Aus dem Öl nehmen, heiß erhitzen und die Garnelen erneut knusprig und goldbraun braten.

Garnelen-Tempura

Für 4 Personen

450 g / 1 Pfund geschälte Garnelen
30 ml / 2 Esslöffel einfaches Mehl (Allzweckmehl)
30 ml / 2 Esslöffel Maismehl (Maisstärke)
30 ml / 2 Esslöffel Wasser
2 geschlagene Eier
Öl zum braten

Schneiden Sie die Garnelen entlang der Innenkurve zur Hälfte ein und verteilen Sie sie so, dass ein Schmetterling entsteht. Mehl, Speisestärke und Wasser zu einem Teig verrühren, dann die Eier dazugeben. Das Öl erhitzen und die Garnelen goldbraun braten.

Kaugummi

Für 4 Personen

30 ml / 2 Esslöffel Erdnussöl

2 Frühlingszwiebeln (Frühlingszwiebeln), gehackt

1 zerdrückte Knoblauchzehe

1 Scheibe Ingwerwurzel, gehackt

100 g Hähnchenbrust, in Streifen geschnitten

100 g Schinken, in Streifen geschnitten

100 g Bambussprossen, in Streifen geschnitten

100 g Wasserkastanien, in Streifen geschnitten

225 g geschälte Garnelen

30 ml / 2 Esslöffel Sojasauce

30 ml / 2 Esslöffel Reiswein oder trockener Sherry

5 ml / 1 Teelöffel Salz

5 ml / 1 Teelöffel Zucker

5 ml / 1 Teelöffel Speisestärke (Maisstärke)

Das Öl erhitzen und die Frühlingszwiebeln, den Knoblauch und den Ingwer anbraten, bis sie leicht goldbraun sind. Das Hähnchen dazugeben und 1 Minute anbraten. Schinken, Bambussprossen und Wasserkastanien hinzufügen und 3 Minuten unter Rühren braten. Die Garnelen dazugeben und 1 Minute braten. Sojasauce, Wein oder Sherry, Salz und Zucker hinzufügen und 2 Minuten anbraten. Die Speisestärke mit etwas Wasser vermischen, in die Pfanne rühren und bei schwacher Hitze unter Rühren 2 Minuten kochen lassen.

Garnelen mit Tofu

Für 4 Personen

45 ml / 3 Esslöffel Erdnussöl (Erdnussöl).

225 g Tofu, gewürfelt

1 Frühlingszwiebel (Frühlingszwiebel), gehackt

1 zerdrückte Knoblauchzehe

15 ml / 1 Esslöffel Sojasauce

5 ml / 1 Teelöffel Zucker

90 ml / 6 Esslöffel Fischbrühe

225 g geschälte Garnelen

15 ml / 1 Esslöffel Speisestärke (Maisstärke)

45 ml / 3 Esslöffel Wasser

Die Hälfte des Öls erhitzen und den Tofu leicht goldbraun braten, dann aus der Pfanne nehmen. Das restliche Öl erhitzen und die Frühlingszwiebeln und den Knoblauch darin leicht goldbraun anbraten. Sojasauce, Zucker und Brühe hinzufügen und zum

Kochen bringen. Die Garnelen dazugeben und bei schwacher Hitze 3 Minuten rühren. Speisestärke und Wasser zu einer Paste vermischen, in die Pfanne rühren und bei schwacher Hitze unter Rühren kochen, bis die Soße eindickt. Den Tofu wieder in die Pfanne geben und köcheln lassen, bis er durchgeheizt ist.

Garnelen mit Tomate

Für 4 Personen
2 Eiweiß
30 ml / 2 Esslöffel Maismehl (Maisstärke)
5 ml / 1 Teelöffel Salz
450 g / 1 Pfund geschälte Garnelen
Öl zum braten
30 ml / 2 Esslöffel Reiswein oder trockener Sherry
225 g Tomaten, gehäutet, entkernt und gehackt

Eiweiß, Speisestärke und Salz verrühren. Fügen Sie die Garnelen hinzu, bis sie gut bedeckt sind. Das Öl erhitzen und die Garnelen anbraten, bis sie gar sind. Alles bis auf 15 ml/1 EL Öl einfüllen und erneut erhitzen. Wein oder Sherry und Tomaten hinzufügen und zum Kochen bringen. Die Garnelen dazugeben und vor dem Servieren kurz erhitzen.

Garnelen mit Tomatensauce

Für 4 Personen

30 ml / 2 Esslöffel Erdnussöl
1 zerdrückte Knoblauchzehe
2 Scheiben Ingwerwurzel, gehackt
2,5 ml / ¬Ω Teelöffel Salz
15 ml / 1 Esslöffel Reiswein oder trockener Sherry
15 ml / 1 Esslöffel Sojasauce
6 ml / 4 Esslöffel Tomatensauce (Ketchup)
120 ml / 4 fl oz / ¬Ω Tasse Fischbrühe
350 g geschälte Garnelen
10 ml / 2 Teelöffel Speisestärke (Maisstärke)
30 ml / 2 Esslöffel Wasser

Das Öl erhitzen und Knoblauch, Ingwer und Salz 2 Minuten anbraten. Wein oder Sherry, Sojasauce, Tomatensauce und Brühe hinzufügen und zum Kochen bringen. Garnelen hinzufügen, abdecken und 2 Minuten köcheln lassen. Maisstärke und Wasser zu einer Paste vermischen, in die Pfanne rühren und bei schwacher Hitze unter Rühren kochen, bis die Soße klar wird und eindickt.

Garnelen mit Tomaten-Chile-Sauce

Für 4 Personen

60 ml / 4 Esslöffel Erdnussöl

15 ml / 1 Esslöffel gehackter Ingwer

15 ml / 1 Esslöffel gehackter Knoblauch

15 ml / 1 Esslöffel gehackter Schnittlauch

60 ml / 4 Esslöffel Tomatenpüree (Paste)

15 ml / 1 Esslöffel Chilisauce

450 g / 1 Pfund geschälte Garnelen

15 ml / 1 Esslöffel Speisestärke (Maisstärke)

15 ml / 1 Esslöffel Wasser

Das Öl erhitzen und Ingwer, Knoblauch und Frühlingszwiebeln 1 Minute anbraten. Tomatenpüree und Chilisauce dazugeben und gut vermischen. Die Garnelen dazugeben und 2 Minuten braten. Maisstärke und Wasser zu einer Paste vermischen, in die Pfanne rühren und bei schwacher Hitze kochen, bis die Soße eindickt. Sofort servieren.

Gebratene Garnelen mit Tomatensauce

Für 4 Personen

50 g / 2 oz / ¬Ω Tasse einfaches Mehl (Allzweck)

2,5 ml / ¬Ω Teelöffel Salz

1 Ei, leicht geschlagen

30 ml / 2 Esslöffel Wasser

450 g / 1 Pfund geschälte Garnelen

Öl zum braten

30 ml / 2 Esslöffel Erdnussöl

1 Zwiebel fein gehackt

2 Scheiben Ingwerwurzel, gehackt

75 ml / 5 Esslöffel Tomatensauce (Ketchup)

10 ml / 2 Teelöffel Speisestärke (Maisstärke)

30 ml / 2 Esslöffel Wasser

Mehl, Salz, Ei und Wasser zu einem Teig verrühren, bei Bedarf noch etwas Wasser hinzufügen. Mit den Garnelen vermischen, bis sie gut bedeckt sind. Das Öl erhitzen und die Garnelen einige Minuten darin braten, bis sie knusprig und goldbraun sind. Auf Papiertüchern abtropfen lassen.

In der Zwischenzeit das Öl erhitzen und die Zwiebel und den Ingwer anbraten, bis sie weich sind. Tomatensauce hinzufügen und 3 Minuten köcheln lassen. Speisestärke und Wasser zu einer Paste vermischen, in die Pfanne rühren und bei schwacher Hitze unter Rühren kochen, bis die Soße eindickt. Die Garnelen in die Pfanne geben und köcheln lassen, bis sie durchgewärmt sind. Sofort servieren.

Garnelen mit Gemüse

Für 4 Personen

15 ml / 1 Esslöffel Erdnussöl

225 g Brokkoliröschen

225 g Pilze

225 g Bambussprossen, in Scheiben geschnitten

450 g / 1 Pfund geschälte Garnelen

120 ml / 4 fl oz / ¬Ω Tasse Hühnerbrühe

5 ml / 1 Teelöffel Speisestärke (Maisstärke)

5 ml / 1 Teelöffel Austernsauce

2,5 ml / ¬Ω Teelöffel Zucker

2,5 ml / ¬Ω Teelöffel geriebene Ingwerwurzel
Prise frisch gemahlener Pfeffer

Das Öl erhitzen und den Brokkoli 1 Minute braten. Pilze und Bambussprossen dazugeben und 2 Minuten anbraten. Die Garnelen dazugeben und 2 Minuten braten. Restliche Zutaten vermischen und unter die Garnelenmischung rühren. Unter Rühren zum Kochen bringen, dann 1 Minute unter ständigem Rühren köcheln lassen.

Garnelen mit Wasserkastanien

Für 4 Personen

60 ml / 4 Esslöffel Erdnussöl
1 Knoblauchzehe, gehackt
1 Scheibe Ingwerwurzel, gehackt
450 g / 1 Pfund geschälte Garnelen
30 ml / 2 Esslöffel Reiswein oder trockener Sherry 225 g / 8 oz Wasserkastanien, in Scheiben geschnitten
30 ml / 2 Esslöffel Sojasauce

15 ml / 1 Esslöffel Speisestärke (Maisstärke)

45 ml / 3 Esslöffel Wasser

Das Öl erhitzen und den Knoblauch und den Ingwer anbraten, bis sie leicht goldbraun sind. Die Garnelen dazugeben und 1 Minute braten. Den Wein oder Sherry hinzufügen und gut umrühren. Die Wasserkastanien dazugeben und 5 Minuten anbraten. Die restlichen Zutaten hinzufügen und 2 Minuten anbraten.

Garnelen-Wan-Tan

Für 4 Personen

450 g geschälte Garnelen, gehackt

225 g gemischtes Gemüse, gehackt

15 ml / 1 Esslöffel Sojasauce

2,5 ml / ¬Ω Teelöffel Salz

ein paar Tropfen Sesamöl

40 Wan-Tan-Häute

Öl zum braten

Garnelen, Gemüse, Sojasauce, Salz und Sesamöl vermischen.

Um die Wontons zu falten, halten Sie die Haut in der linken Handfläche und geben Sie etwas Füllung in die Mitte. Befeuchten Sie die Ränder mit Ei, falten Sie die Haut zu einem Dreieck und verschließen Sie die Ränder. Die Ecken mit Ei befeuchten und verdrehen.

Das Öl erhitzen und die Wontons nacheinander goldbraun braten. Vor dem Servieren gut abtropfen lassen.

Abalone mit Hühnchen

Für 4 Personen

400 g Abalone aus der Dose

30 ml / 2 Esslöffel Erdnussöl

100 g Hähnchenbrust, gewürfelt

100 g Bambussprossen, in Scheiben geschnitten

250 ml / 8 fl oz / 1 Tasse Fischbrühe

15 ml / 1 Esslöffel Reiswein oder trockener Sherry

5 ml / 1 Teelöffel Zucker

2,5 ml / ¬Ω Teelöffel Salz

15 ml / 1 Esslöffel Speisestärke (Maisstärke)
45 ml / 3 Esslöffel Wasser

Die Abalone abtropfen lassen, in Scheiben schneiden und den Saft auffangen. Erhitzen Sie das Öl und braten Sie das Hähnchen, bis es eine helle Farbe annimmt. Abalone und Bambussprossen dazugeben und 1 Minute anbraten. Abalone-Flüssigkeit, Brühe, Wein oder Sherry, Zucker und Salz hinzufügen, aufkochen und 2 Minuten köcheln lassen. Maisstärke und Wasser zu einer Paste vermischen und bei schwacher Hitze unter Rühren kochen, bis die Soße klar wird und eindickt. Sofort servieren.

Abalone mit Spargel

Für 4 Personen
10 getrocknete chinesische Pilze
30 ml / 2 Esslöffel Erdnussöl
15 ml / 1 Esslöffel Wasser
225 g Spargel
2,5 ml / ¬Ω Teelöffel Fischsauce

15 ml / 1 Esslöffel Speisestärke (Maisstärke)
225 g Abalone aus der Dose, in Scheiben geschnitten
60 ml / 4 Esslöffel Brühe
½ kleine Karotte, in Scheiben geschnitten
5 ml / 1 Teelöffel Sojasauce
5 ml / 1 Teelöffel Austernsauce
5 ml / 1 Teelöffel Reiswein oder trockener Sherry

Die Pilze 30 Minuten in warmem Wasser einweichen und dann abtropfen lassen. Entsorgen Sie die Stiele. 15 ml / 1 Esslöffel Öl mit dem Wasser erhitzen und die Pilze 10 Minuten braten. In der Zwischenzeit den Spargel in kochendem Wasser mit der Fischsauce und 5 ml/1 TL Maismehl kochen, bis er weich ist. Gut abtropfen lassen und mit den Pilzen auf einen vorgewärmten Teller legen. Halten Sie sie warm. Das restliche Öl erhitzen und die Abalone einige Sekunden anbraten, dann Brühe, Karotte, Sojasauce, Austernsauce, Wein oder Sherry und den Rest der Maisstärke hinzufügen. Etwa 5 Minuten kochen lassen, bis er gar ist, dann über den Spargel gießen und servieren.

Abalone mit Pilzen

Für 4 Personen

6 getrocknete chinesische Pilze
400 g Abalone aus der Dose
45 ml / 3 Esslöffel Erdnussöl (Erdnussöl).
2,5 ml / ¬Ω Teelöffel Salz
15 ml / 1 Esslöffel Reiswein oder trockener Sherry
3 Frühlingszwiebeln (Frühlingszwiebeln), in dicke Scheiben geschnitten

Die Pilze 30 Minuten in warmem Wasser einweichen und dann abtropfen lassen. Die Stiele entfernen und die Spitzen abschneiden. Die Abalone abtropfen lassen, in Scheiben schneiden und den Saft auffangen. Das Öl erhitzen und Salz und Pilze 2 Minuten braten. Abalone-Flüssigkeit und Sherry dazugeben, aufkochen und zugedeckt 3 Minuten köcheln lassen. Abalone und Frühlingszwiebeln hinzufügen und köcheln lassen, bis alles durchgewärmt ist. Sofort servieren.

Abalone mit Austernsauce

Für 4 Personen

400 g Abalone aus der Dose

15 ml / 1 Esslöffel Speisestärke (Maisstärke)

15 ml / 1 Esslöffel Sojasauce

45 ml / 3 Esslöffel Austernsauce

30 ml / 2 Esslöffel Erdnussöl

50 g geräucherter Schinken, gehackt

Lassen Sie die Dose Abalone abtropfen und bewahren Sie 90 ml bzw. 6 Esslöffel der Flüssigkeit auf. Mischen Sie dies mit Maismehl, Sojasauce und Austernsauce. Das Öl erhitzen und die abgetropfte Abalone 1 Minute braten. Die Saucenmischung dazugeben und unter Rühren etwa 1 Minute lang köcheln lassen, bis sie durchgewärmt ist. Auf einen warmen Servierteller geben und mit Prosciutto garniert servieren.

gedämpfte Muscheln

Für 4 Personen

24 Muscheln

Schrubben Sie die Muscheln gut und weichen Sie sie anschließend einige Stunden in Salzwasser ein. Unter fließendem Wasser abspülen und in eine flache ofenfeste Form geben. Auf einen Rost im Dampfgarer stellen, abdecken und etwa 10 Minuten über kochendem Wasser dämpfen, bis sich alle Muscheln geöffnet haben. Werfen Sie alles weg, was verschlossen bleibt. Mit Soßen servieren.

Muscheln mit Sojasprossen

Für 4 Personen

24 Muscheln
15 ml / 1 Esslöffel Erdnussöl
150 g Sojasprossen
1 grüne Paprika in Streifen schneiden
2 Frühlingszwiebeln (Frühlingszwiebeln), gehackt
15 ml / 1 Esslöffel Reiswein oder trockener Sherry
Salz und frisch gemahlener Pfeffer

2,5 ml / ¬Ω Teelöffel Sesamöl
50 g geräucherter Schinken, gehackt

Schrubben Sie die Muscheln gut und weichen Sie sie anschließend einige Stunden in Salzwasser ein. Unter fließendem Wasser abspülen. Einen Topf mit Wasser zum Kochen bringen, die Muscheln hinzufügen und einige Minuten köcheln lassen, bis sie sich öffnen. Lassen Sie alles, was verschlossen bleibt, abtropfen und entsorgen Sie es. Muscheln aus der Schale nehmen.

Das Öl erhitzen und die Sojasprossen 1 Minute lang anbraten. Pfeffer und Schnittlauch dazugeben und 2 Minuten anbraten. Den Wein oder Sherry dazugeben und mit Salz und Pfeffer würzen. Erhitzen Sie dann die Muscheln und rühren Sie um, bis alles gut vermischt und durchgewärmt ist. Auf einen warmen Servierteller geben und mit Sesamöl und Schinken bestreut servieren.

Muscheln mit Ingwer und Knoblauch

Für 4 Personen

24 Muscheln

15 ml / 1 Esslöffel Erdnussöl

2 Scheiben Ingwerwurzel, gehackt

2 Knoblauchzehen, zerdrückt

15 ml / 1 Esslöffel Wasser

5 ml / 1 Teelöffel Sesamöl

Salz und frisch gemahlener Pfeffer

Schrubben Sie die Muscheln gut und weichen Sie sie anschließend einige Stunden in Salzwasser ein. Unter fließendem Wasser abspülen. Erhitzen Sie das Öl und braten Sie Ingwer und Knoblauch 30 Sekunden lang an. Muscheln, Wasser und Sesamöl hinzufügen, abdecken und etwa 5 Minuten kochen lassen, bis sich die Muscheln öffnen. Werfen Sie alles weg, was verschlossen bleibt. Leicht mit Salz und Pfeffer würzen und sofort servieren.

Sautierte Muscheln

Für 4 Personen

24 Muscheln

60 ml / 4 Esslöffel Erdnussöl

4 Knoblauchzehen, gehackt

1 gehackte Zwiebel

2,5 ml / ¬Ω Teelöffel Salz

Schrubben Sie die Muscheln gut und weichen Sie sie anschließend einige Stunden in Salzwasser ein. Unter fließendem Wasser abspülen und anschließend trocknen. Das Öl erhitzen und Knoblauch, Zwiebel und Salz anbraten, bis sie weich sind. Die Muscheln dazugeben und zugedeckt etwa 5 Minuten köcheln lassen, bis sich alle Schalen geöffnet haben. Werfen Sie alles weg, was verschlossen bleibt. Noch 1 Minute sanft braten und mit Öl beträufeln.

Krabbenkuchen

Für 4 Personen

225 g Sojasprossen

60 ml / 4 Esslöffel Erdnussöl 100 g / 4 oz Bambussprossen, in Streifen geschnitten

1 gehackte Zwiebel

225 g Krabbenfleisch, in Flocken

4 Eier, leicht geschlagen

15 ml / 1 Esslöffel Speisestärke (Maisstärke)

30 ml / 2 Esslöffel Sojasauce

Salz und frisch gemahlener Pfeffer

Die Sojasprossen in kochendem Wasser 4 Minuten blanchieren und dann abtropfen lassen. Die Hälfte des Öls erhitzen und die Sojasprossen, Bambussprossen und Zwiebeln anbraten, bis sie weich sind. Vom Herd nehmen und mit den restlichen Zutaten außer dem Öl vermischen. Das restliche Öl in einer sauberen Bratpfanne erhitzen und löffelweise die Krabbenfleischmischung zu kleinen Kuchen formen. Auf beiden Seiten braten, bis es leicht gebräunt ist, und dann sofort servieren.

Krabbencreme

Für 4 Personen

225 g Krabbenfleisch

5 geschlagene Eier

1 Schnittlauch fein gehackt

250 ml / 8 fl oz / 1 Tasse Wasser

5 ml / 1 Teelöffel Salz

5 ml / 1 Teelöffel Sesamöl

Alle Zutaten gut vermischen. In eine Schüssel geben, abdecken und auf den Wasserbad über heißem Wasser oder auf einen Dampfgarer stellen. Etwa 35 Minuten lang dämpfen, bis die Konsistenz einer Vanillesoße erreicht ist, dabei gelegentlich umrühren. Mit Reis servieren.

Krabbenfleisch mit chinesischen Blättern

Für 4 Personen

450 g / 1 Pfund chinesische Blätter, gerieben

45 ml / 3 Esslöffel Pflanzenöl

2 Frühlingszwiebeln (Frühlingszwiebeln), gehackt

225 g Krabbenfleisch

15 ml / 1 Esslöffel Sojasauce

15 ml / 1 Esslöffel Reiswein oder trockener Sherry

5 ml / 1 Teelöffel Salz

Die Chinablätter 2 Minuten in kochendem Wasser blanchieren, dann gut abtropfen lassen und mit kaltem Wasser abspülen. Das Öl erhitzen und den Schnittlauch anbraten, bis er leicht goldbraun ist. Das Krabbenfleisch dazugeben und 2 Minuten braten. Die chinesischen Blätter hinzufügen und 4 Minuten braten. Sojasauce, Wein oder Sherry und Salz hinzufügen und gut vermischen. Brühe und Maismehl dazugeben, zum Kochen bringen und unter Rühren 2 Minuten köcheln lassen, bis die Sauce klar wird und eindickt.

Foo-Yung-Krabbe mit Sojasprossen

Für 4 Personen

6 geschlagene Eier

45 ml / 3 Esslöffel Maismehl (Maisstärke)

225 g Krabbenfleisch

100 g Sojasprossen

2 Frühlingszwiebeln (Frühlingszwiebeln), fein gehackt

2,5 ml / ¬Ω Teelöffel Salz

45 ml / 3 Esslöffel Erdnussöl (Erdnussöl).

Schlagen Sie die Eier und fügen Sie dann das Maismehl hinzu. Restliche Zutaten außer Öl vermischen. Das Öl erhitzen und die Mischung nach und nach in die Pfanne gießen, sodass kleine Pfannkuchen von etwa 7,5 cm Breite entstehen. Frittieren, bis die Unterseite goldbraun ist, dann umdrehen und auf der anderen Seite bräunen.

Krabbe mit Ingwer

Für 4 Personen

15 ml / 1 Esslöffel Erdnussöl

2 Scheiben Ingwerwurzel, gehackt

4 Frühlingszwiebeln (Frühlingszwiebeln), gehackt

3 Knoblauchzehen, zerdrückt

1 gehackte rote Chili

350 g/12 Unzen Krabbenfleisch, in Flocken

2,5 ml / ½ Teelöffel Fischpaste

2,5 ml / ½ Teelöffel Sesamöl

15 ml / 1 Esslöffel Reiswein oder trockener Sherry

5 ml / 1 Teelöffel Speisestärke (Maisstärke)

15 ml / 1 Esslöffel Wasser

Das Öl erhitzen und Ingwer, Frühlingszwiebeln, Knoblauch und Chili 2 Minuten anbraten. Das Krabbenfleisch hinzufügen und umrühren, bis es gut mit den Gewürzen bedeckt ist. Die Fischpaste hinzufügen. Die restlichen Zutaten zu einer Paste vermischen, dann in die Pfanne geben und 1 Minute anbraten. Sofort servieren.

Krabbe Lo Mein

Für 4 Personen

100 g Sojasprossen

30 ml / 2 Esslöffel Erdnussöl

5 ml / 1 Teelöffel Salz

1 Zwiebel in Scheiben geschnitten

100 g Pilze, in Scheiben geschnitten

225 g Krabbenfleisch, in Flocken

100 g Bambussprossen, in Scheiben geschnitten

Geröstete Nudeln

30 ml / 2 Esslöffel Sojasauce

5 ml / 1 Teelöffel Zucker

5 ml / 1 Teelöffel Sesamöl

Salz und frisch gemahlener Pfeffer

Die Sojasprossen 5 Minuten in kochendem Wasser blanchieren und dann abtropfen lassen. Das Öl erhitzen und das Salz und die Zwiebel anbraten, bis sie weich sind. Die Pilze dazugeben und anbraten, bis sie weich sind. Das Krabbenfleisch dazugeben und 2 Minuten braten. Sojasprossen und Bambussprossen hinzufügen und 1 Minute lang anbraten. Die abgetropften Nudeln in die Pfanne geben und vorsichtig umrühren. Sojasauce, Zucker und Sesamöl verrühren und mit Salz und Pfeffer würzen. In der Pfanne umrühren, bis alles durchgeheizt ist.

Gebratene Krabben mit Schweinefleisch

Für 4 Personen

30 ml / 2 Esslöffel Erdnussöl

100 g gehacktes Schweinefleisch (gemahlen)

350 g/12 Unzen Krabbenfleisch, in Flocken

2 Scheiben Ingwerwurzel, gehackt

2 Eier, leicht geschlagen

15 ml / 1 Esslöffel Sojasauce

15 ml / 1 Esslöffel Reiswein oder trockener Sherry

30 ml / 2 Esslöffel Wasser

Salz und frisch gemahlener Pfeffer

4 Frühlingszwiebeln (Frühlingszwiebeln), in Streifen schneiden

Das Öl erhitzen und das Schweinefleisch anbraten, bis es eine helle Farbe annimmt. Krabbenfleisch und Ingwer hinzufügen und 1 Minute lang anbraten. Fügen Sie die Eier hinzu. Sojasauce, Wein oder Sherry, Wasser, Salz und Pfeffer hinzufügen und unter Rühren etwa 4 Minuten köcheln lassen. Mit Schnittlauch garniert servieren.

Gebratenes Krabbenfleisch

Für 4 Personen

30 ml / 2 Esslöffel Erdnussöl

450 g / 1 Pfund Krabbenfleisch, in Flocken

2 Frühlingszwiebeln (Frühlingszwiebeln), gehackt

2 Scheiben Ingwerwurzel, gehackt

30 ml / 2 Esslöffel Sojasauce

30 ml / 2 Esslöffel Reiswein oder trockener Sherry

2,5 ml / ¬Ω Teelöffel Salz

15 ml / 1 Esslöffel Speisestärke (Maisstärke)

60 ml / 4 Esslöffel Wasser

Das Öl erhitzen und das Krabbenfleisch, die Frühlingszwiebeln und den Ingwer 1 Minute lang anbraten. Sojasauce, Wein oder Sherry und Salz hinzufügen, abdecken und 3 Minuten köcheln lassen. Maisstärke und Wasser zu einer Paste vermischen, in die Pfanne rühren und bei schwacher Hitze unter Rühren kochen, bis die Soße klar wird und eindickt.

Frittierte Tintenfischbällchen

Für 4 Personen

450 g / 1 Pfund Tintenfisch

50 g Schmalz, zerstoßen

1 Eiweiß

2,5 ml / ½ Teelöffel Zucker

2,5 ml / ½ Teelöffel Maisstärke (Maisstärke)

Salz und frisch gemahlener Pfeffer

Öl zum braten

Schneiden Sie den Tintenfisch und mahlen Sie ihn oder verarbeiten Sie ihn zu Brei. Mit Schmalz, Eiweiß, Zucker und Speisestärke vermischen und mit Salz und Pfeffer würzen. Die Mischung zu Kugeln formen. Das Öl erhitzen und die Tintenfischbällchen bei Bedarf portionsweise frittieren, bis sie oben im Öl schwimmen und goldbraun werden. Gut abtropfen lassen und sofort servieren.

Kantonesischer Hummer

Für 4 Personen

2 Hummer

30 ml / 2 Esslöffel Öl

15 ml / 1 Esslöffel schwarze Bohnensauce

1 zerdrückte Knoblauchzehe

1 gehackte Zwiebel

225 g gehacktes Schweinefleisch (gemahlen)

45 ml / 3 Esslöffel Sojasauce

5 ml / 1 Teelöffel Zucker

Salz und frisch gemahlener Pfeffer

15 ml / 1 Esslöffel Speisestärke (Maisstärke)

75 ml / 5 Esslöffel Wasser

1 geschlagenes Ei

Brechen Sie die Hummer, entfernen Sie das Fleisch und schneiden Sie es in 2,5 cm große Würfel. Das Öl erhitzen und die schwarze Bohnensauce, den Knoblauch und die Zwiebeln anbraten, bis sie leicht goldbraun sind. Das Schweinefleisch hinzufügen und braten, bis es braun ist. Sojasauce, Zucker, Salz, Pfeffer und Hummer hinzufügen, abdecken und etwa 10 Minuten köcheln lassen. Maisstärke und Wasser zu einer Paste vermischen, in die Pfanne rühren und bei schwacher Hitze unter

Rühren kochen, bis die Soße klar wird und eindickt. Schalten Sie den Herd aus und fügen Sie vor dem Servieren das Ei hinzu.

Gebratener Hummer

Für 4 Personen

450 g Hummerfleisch
30 ml / 2 Esslöffel Sojasauce
5 ml / 1 Teelöffel Zucker
1 geschlagenes Ei
30 ml / 3 Esslöffel einfaches Mehl (Allzweck)
Öl zum braten

Das Hummerfleisch in 2,5 cm große Würfel schneiden und mit der Sojasauce und dem Zucker vermischen. 15 Minuten ruhen lassen und dann abtropfen lassen. Ei und Mehl unterrühren, dann den Hummer dazugeben und gut verrühren. Das Öl erhitzen und den Hummer goldbraun braten. Vor dem Servieren auf Küchenpapier abtropfen lassen.

Gedämpfter Hummer mit Schinken

Für 4 Personen

4 Eier, leicht geschlagen

60 ml / 4 Esslöffel Wasser

5 ml / 1 Teelöffel Salz

15 ml / 1 Esslöffel Sojasauce

450 g Hummerfleisch, in Flocken

15 ml / 1 Esslöffel gehackter Räucherschinken

15 ml / 1 Esslöffel gehackte frische Petersilie

Die Eier mit Wasser, Salz und Sojasauce verquirlen. In einen feuerfesten Behälter füllen und mit Hummerfleisch bestreuen. Stellen Sie die Schüssel auf ein Gestell in einen Dampfgarer, decken Sie sie ab und dämpfen Sie sie 20 Minuten lang, bis die Eier fertig sind. Mit Schinken und Petersilie garniert servieren.

Hummer mit Pilzen

Für 4 Personen

450 g Hummerfleisch
15 ml / 1 Esslöffel Speisestärke (Maisstärke)
60 ml / 4 Esslöffel Wasser
30 ml / 2 Esslöffel Erdnussöl
4 Frühlingszwiebeln (Frühlingszwiebeln), in dicke Scheiben geschnitten
100 g Pilze, in Scheiben geschnitten
2,5 ml / ¬Ω Teelöffel Salz
1 zerdrückte Knoblauchzehe
30 ml / 2 Esslöffel Sojasauce
15 ml / 1 Esslöffel Reiswein oder trockener Sherry

Das Hummerfleisch in 2,5 cm große Würfel schneiden. Maismehl und Wasser zu einer Paste vermischen und die Hummerwürfel zum Überziehen in die Mischung geben. Die Hälfte des Öls erhitzen und die Hummerwürfel leicht goldbraun braten, aus der Pfanne nehmen. Das restliche Öl erhitzen und die Frühlingszwiebeln darin leicht goldbraun braten. Die Pilze dazugeben und 3 Minuten anbraten. Salz, Knoblauch, Sojasauce und Wein oder Sherry hinzufügen und 2 Minuten anbraten. Den

Hummer wieder in die Pfanne geben und anbraten, bis er durchgeheizt ist.

Hummerschwänze mit Schweinefleisch

Für 4 Personen

3 getrocknete chinesische Pilze

4 Hummerschwänze

60 ml / 4 Esslöffel Erdnussöl

100 g gehacktes Schweinefleisch (gemahlen)

50 g Wasserkastanien, fein gehackt

Salz und frisch gemahlener Pfeffer

2 Knoblauchzehen, zerdrückt

45 ml / 3 Esslöffel Sojasauce

30 ml / 2 Esslöffel Reiswein oder trockener Sherry

30 ml / 2 Esslöffel schwarze Bohnensauce

10 ml / 2 Esslöffel Maismehl (Maisstärke)

120 ml / 4 fl oz / ¬Ω Tasse Wasser

Die Pilze 30 Minuten in warmem Wasser einweichen und dann abtropfen lassen. Die Stiele entfernen und die Spitzen hacken. Die Hummerschwänze der Länge nach halbieren. Entfernen Sie das Fleisch von den Hummerschwänzen und bewahren Sie die Schalen auf. Die Hälfte des Öls erhitzen und das Schweinefleisch anbraten, bis es eine helle Farbe hat. Vom Herd nehmen und

Pilze, Hummerfleisch, Wasserkastanien, Salz und Pfeffer untermischen. Drücken Sie das Fleisch wieder in die Hummerschalen und legen Sie es auf einen hitzebeständigen Teller. Auf einen Rost im Dampfgarer legen, abdecken und etwa 20 Minuten dämpfen, bis es gar ist. In der Zwischenzeit das restliche Öl erhitzen und Knoblauch, Sojasauce, Wein oder Sherry und schwarze Bohnensauce 2 Minuten anbraten. Maismehl und Wasser vermischen, bis eine Paste entsteht, In die Pfanne geben und bei schwacher Hitze unter Rühren kochen, bis die Soße eindickt. Legen Sie den Hummer auf einen warmen Servierteller, gießen Sie die Sauce darüber und servieren Sie ihn sofort.

Sautierter Hummer

Für 4 Personen

450 g Hummerschwänze

30 ml / 2 Esslöffel Erdnussöl

1 zerdrückte Knoblauchzehe

2,5 ml / ¬Ω Teelöffel Salz

350 g Sojasprossen

50 g Pilze

4 Frühlingszwiebeln (Frühlingszwiebeln), in dicke Scheiben geschnitten

150 ml / ¬° pt / großzügige ¬Ω Tasse Hühnerbrühe

15 ml / 1 Esslöffel Speisestärke (Maisstärke)

Einen Topf mit Wasser zum Kochen bringen, die Hummerschwänze hinzufügen und 1 Minute kochen lassen. Abgießen, abkühlen lassen, Schale entfernen und in dicke Scheiben schneiden. Das Öl mit dem Knoblauch und Salz erhitzen und anbraten, bis der Knoblauch leicht goldbraun ist. Den Hummer dazugeben und 1 Minute anbraten. Sojasprossen und Pilze dazugeben und 1 Minute anbraten. Den Schnittlauch hinzufügen. Den größten Teil der Brühe hinzufügen, zum Kochen bringen, abdecken und 3 Minuten köcheln lassen. Das Maismehl mit der restlichen Brühe vermischen, in die Pfanne rühren und bei schwacher Hitze unter Rühren kochen, bis die Soße klar wird und eindickt.

Hummernester

Für 4 Personen

30 ml / 2 Esslöffel Erdnussöl

5 ml / 1 Teelöffel Salz

1 Zwiebel, in dünne Scheiben geschnitten

100 g Pilze, in Scheiben geschnitten

100 g Bambussprossen, in Scheiben geschnitten, 225 g gekochtes Hummerfleisch

15 ml / 1 Esslöffel Reiswein oder trockener Sherry

120 ml / 4 fl oz / ¬Ω Tasse Hühnerbrühe

Prise frisch gemahlener Pfeffer

10 ml / 2 Teelöffel Speisestärke (Maisstärke)

15 ml / 1 Esslöffel Wasser

4 Körbe Nudeln

Das Öl erhitzen und das Salz und die Zwiebel anbraten, bis sie weich sind. Pilze und Bambussprossen dazugeben und 2 Minuten anbraten. Hummerfleisch, Wein oder Sherry und Brühe hinzufügen, aufkochen und zugedeckt 2 Minuten köcheln lassen. Pfeffern. Speisestärke und Wasser zu einer Paste vermischen, in die Pfanne rühren und bei schwacher Hitze unter Rühren kochen, bis die Soße eindickt. Legen Sie die Nudelnester auf einen warmen Servierteller und belegen Sie sie mit dem gebratenen Hummer.

Muscheln in schwarzer Bohnensauce

Für 4 Personen

45 ml / 3 Esslöffel Erdnussöl (Erdnussöl).

2 Knoblauchzehen, zerdrückt

2 Scheiben Ingwerwurzel, gehackt

30 ml / 2 Esslöffel schwarze Bohnensauce

15 ml / 1 Esslöffel Sojasauce

1,5 kg Muscheln, gewaschen und entkernt

2 Frühlingszwiebeln (Frühlingszwiebeln), gehackt

Das Öl erhitzen und Knoblauch und Ingwer 30 Sekunden anbraten. Fügen Sie die schwarze Bohnensauce und die Sojasauce hinzu und braten Sie sie 10 Sekunden lang an. Die Muscheln dazugeben und zugedeckt ca. 6 Minuten garen, bis sich die Muscheln geöffnet haben. Werfen Sie alles weg, was verschlossen bleibt. Auf einen warmen Teller geben und mit Schnittlauch bestreut servieren.

Muscheln mit Ingwer

Für 4 Personen

45 ml / 3 Esslöffel Erdnussöl (Erdnussöl).
2 Knoblauchzehen, zerdrückt
4 Scheiben Ingwerwurzel, gehackt
1,5 kg Muscheln, gewaschen und entkernt
45 ml / 3 Esslöffel Wasser
15 ml / 1 Esslöffel Austernsauce

Das Öl erhitzen und Knoblauch und Ingwer 30 Sekunden anbraten. Muscheln und Wasser hinzufügen, abdecken und ca. 6 Minuten garen, bis sich die Muscheln geöffnet haben. Werfen Sie alles weg, was verschlossen bleibt. Auf einen warmen Servierteller geben und mit Austernsauce bestreut servieren.

Gedämpfte Muscheln

Für 4 Personen

1,5 kg Muscheln, gewaschen und entkernt
45 ml / 3 Esslöffel Sojasauce
3 Frühlingszwiebeln (Frühlingszwiebeln), fein gehackt

Legen Sie die Muscheln auf ein Gestell in einen Dampfgarer, decken Sie sie ab und dämpfen Sie sie etwa 10 Minuten lang über kochendem Wasser, bis sich alle Muscheln geöffnet haben. Werfen Sie alles weg, was verschlossen bleibt. Auf einen warmen Servierteller geben und mit Sojasauce und Frühlingszwiebeln bestreut servieren.

Gebratene Austern

Für 4 Personen

24 geschälte Austern
Salz und frisch gemahlener Pfeffer
1 geschlagenes Ei
50 g / 2 oz / ¬Ω Tasse einfaches Mehl (Allzweck)
250 ml / 8 fl oz / 1 Tasse Wasser
Öl zum braten
4 Frühlingszwiebeln (Frühlingszwiebeln), gehackt

Die Austern mit Salz und Pfeffer bestreuen. Das Ei mit Mehl und Wasser zu einem Teig verrühren und damit die Austern bedecken. Das Öl erhitzen und die Austern goldbraun braten. Auf Küchenpapier abtropfen lassen und mit Schnittlauch garniert servieren.

Austern mit Speck

Für 4 Personen

175 g Speck

24 geschälte Austern

1 Ei, leicht geschlagen

15 ml / 1 Esslöffel Wasser

45 ml / 3 Esslöffel Erdnussöl (Erdnussöl).

2 Zwiebeln gehackt

15 ml / 1 Esslöffel Speisestärke (Maisstärke)

15 ml / 1 Esslöffel Sojasauce

90 ml / 6 Esslöffel Hühnerbrühe

Schneiden Sie den Speck in Stücke und wickeln Sie ein Stück um jede Auster. Schlagen Sie das Ei mit dem Wasser auf und tauchen Sie es dann in die Austern, um es damit zu bestreichen. Die Hälfte des Öls erhitzen und die Austern darin von beiden Seiten leicht bräunen lassen, dann aus der Pfanne nehmen und das Fett abtropfen lassen. Das restliche Öl erhitzen und die Zwiebeln anbraten, bis sie weich sind. Maisstärke, Sojasauce und Brühe zu einer Paste vermischen, in die Pfanne gießen und bei schwacher Hitze unter Rühren kochen, bis die Sauce klar wird und eindickt. Über die Austern gießen und sofort servieren.

Gebratene Austern mit Ingwer

Für 4 Personen

24 geschälte Austern

2 Scheiben Ingwerwurzel, gehackt

30 ml / 2 Esslöffel Sojasauce

15 ml / 1 Esslöffel Reiswein oder trockener Sherry

4 Frühlingszwiebeln (Frühlingszwiebeln), in Streifen schneiden

100 g Speck

1 Ei

50 g / 2 oz / ¬Ω Tasse einfaches Mehl (Allzweck)

Salz und frisch gemahlener Pfeffer

Öl zum braten

1 Zitrone in Spalten schneiden

Die Austern mit Ingwer, Sojasauce und Wein oder Sherry in eine Schüssel geben und gut umrühren. 30 Minuten ruhen lassen. Auf jede Auster ein paar Frühlingszwiebelstreifen legen. Schneiden Sie den Speck in Stücke und wickeln Sie ein Stück um jede Auster. Ei und Mehl zu einem Teig verrühren und mit Salz und Pfeffer würzen. Austern in den Teig tauchen, bis sie gut bedeckt sind. Das Öl erhitzen und die Austern goldbraun braten. Mit Zitronenspalten garniert servieren.

Austern mit schwarzer Bohnensauce

Für 4 Personen

350 g / 12 Unzen geschälte Austern
120 ml / 4 fl oz / ¬Ω Tasse Erdnussöl (Erdnussöl).
2 Knoblauchzehen, zerdrückt
3 Frühlingszwiebeln (Frühlingszwiebeln), in Scheiben geschnitten
15 ml / 1 Esslöffel schwarze Bohnensauce
30 ml / 2 Esslöffel dunkle Sojasauce
15 ml / 1 Esslöffel Sesamöl
Prise Chilipulver

Die Austern 30 Sekunden in kochendem Wasser blanchieren und dann abtropfen lassen. Das Öl erhitzen und Knoblauch und Schnittlauch 30 Sekunden anbraten. Schwarze Bohnensauce, Sojasauce, Sesamöl und Austern dazugeben und mit Chilipulver abschmecken. Anbraten, bis es durchgeheizt ist, und sofort servieren.

Jakobsmuscheln mit Bambussprossen

Für 4 Personen

60 ml / 4 Esslöffel Erdnussöl

6 Frühlingszwiebeln (Frühlingszwiebeln), gehackt

225 g Champignons, geviertelt

15 ml / 1 Esslöffel Zucker

450 g geschälte Jakobsmuscheln

2 Scheiben Ingwerwurzel, gehackt

225 g Bambussprossen, in Scheiben geschnitten

Salz und frisch gemahlener Pfeffer

300 ml / ¬Ω pt / 1 ¬° Tassen Wasser

30 ml / 2 Esslöffel Weinessig

30 ml / 2 Esslöffel Maismehl (Maisstärke)

150 ml / ¬° pt / großzügige ¬Ω Tasse Wasser

45 ml / 3 Esslöffel Sojasauce

Das Öl erhitzen und die Frühlingszwiebeln und Pilze 2 Minuten anbraten. Zucker, Jakobsmuscheln, Ingwer, Bambussprossen, Salz und Pfeffer hinzufügen, abdecken und 5 Minuten kochen lassen. Wasser und Weinessig hinzufügen, aufkochen und zugedeckt 5 Minuten köcheln lassen. Speisestärke und Wasser zu einer Paste vermischen, in die Pfanne rühren und bei schwacher

Hitze unter Rühren kochen, bis die Soße eindickt. Mit Sojasauce würzen und servieren.

Jakobsmuscheln mit Ei

Für 4 Personen

45 ml / 3 Esslöffel Erdnussöl (Erdnussöl).

350 g geschälte Jakobsmuscheln

25 g geräucherter Schinken, gehackt

30 ml / 2 Esslöffel Reiswein oder trockener Sherry

5 ml / 1 Teelöffel Zucker

2,5 ml / ¬Ω Teelöffel Salz

Prise frisch gemahlener Pfeffer

2 Eier, leicht geschlagen

15 ml / 1 Esslöffel Sojasauce

Das Öl erhitzen und die Jakobsmuscheln 30 Sekunden braten. Den Schinken dazugeben und 1 Minute anbraten. Wein oder Sherry, Zucker, Salz und Pfeffer hinzufügen und 1 Minute anbraten. Fügen Sie die Eier hinzu und rühren Sie bei starker Hitze vorsichtig um, bis die Zutaten gut mit Ei bedeckt sind. Mit Sojasauce bestreut servieren.

Jakobsmuscheln mit Brokkoli

Für 4 Personen

350 g Jakobsmuscheln, in Scheiben geschnitten

3 Scheiben Ingwerwurzel, gehackt

¬Ω kleine Karotte, in Scheiben geschnitten

1 zerdrückte Knoblauchzehe

45 ml / 3 Esslöffel einfaches Mehl (Allzweck)

2,5 ml/¬Ω Teelöffel Backpulver (Backpulver)

30 ml / 2 Esslöffel Erdnussöl

15 ml / 1 Esslöffel Wasser

1 geschnittene Banane

Öl zum braten

275 g Brokkoli

Salz

5 ml / 1 Teelöffel Sesamöl

2,5 ml/¬Ω Teelöffel Chilisauce

2,5 ml / ¬Ω Teelöffel Weinessig

2,5 ml / ¬Ω Teelöffel Tomatenpüree (Paste)

Die Jakobsmuscheln mit Ingwer, Karotte und Knoblauch vermischen und ruhen lassen. Mehl, Backpulver, 15 ml/1 EL Öl und Wasser zu einer Paste verrühren und damit die

Bananenscheiben bestreichen. Das Öl erhitzen und die Kochbananen goldbraun braten, dann abtropfen lassen und auf einen warmen Servierteller legen. In der Zwischenzeit Brokkoli in kochendem Salzwasser kochen, bis er weich ist, dann abtropfen lassen. Das restliche Öl mit dem Sesamöl erhitzen, den Brokkoli kurz anbraten und dann rund um den Teller mit den Bananen anrichten. Chilisauce, Weinessig und Tomatenpüree in die Pfanne geben und die Jakobsmuscheln darin anbraten, bis sie gar sind. Auf einen Servierteller geben und sofort servieren.

Jakobsmuscheln mit Ingwer

Für 4 Personen

45 ml / 3 Esslöffel Erdnussöl (Erdnussöl).

2,5 ml / ¬Ω Teelöffel Salz

3 Scheiben Ingwerwurzel, gehackt

2 Frühlingszwiebeln (Frühlingszwiebeln), in dicke Scheiben geschnitten

450 g geschälte Jakobsmuscheln, halbiert

15 ml / 1 Esslöffel Speisestärke (Maisstärke)

60 ml / 4 Esslöffel Wasser

Das Öl erhitzen und das Salz und den Ingwer 30 Sekunden lang anbraten. Die Frühlingszwiebeln dazugeben und anbraten, bis sie leicht gebräunt sind. Die Jakobsmuscheln dazugeben und 3 Minuten anbraten. Maisstärke und Wasser zu einer Paste vermischen, in die Pfanne geben und bei schwacher Hitze unter Rühren kochen, bis die Masse eingedickt ist. Sofort servieren.

Jakobsmuscheln mit Schinken

Für 4 Personen

450 g geschälte Jakobsmuscheln, halbiert
250 ml / 8 fl oz / 1 Tasse Reiswein oder trockener Sherry
1 Zwiebel fein gehackt
2 Scheiben Ingwerwurzel, gehackt
2,5 ml / ¬Ω Teelöffel Salz
100 g geräucherter Schinken, gehackt

Die Jakobsmuscheln in eine Schüssel geben und den Wein oder Sherry hinzufügen. Abdecken und 30 Minuten marinieren lassen, dabei gelegentlich wenden, dann die Jakobsmuscheln abtropfen lassen und die Marinade wegschütten. Die Jakobsmuscheln mit den restlichen Zutaten in eine feuerfeste Form geben. Stellen Sie das Gericht auf einen Rost in einen Dampfgarer, decken Sie es ab und dämpfen Sie es etwa 6 Minuten lang über kochendem Wasser, bis die Jakobsmuscheln weich sind.

Jakobsmuschel-Rührei mit Kräutern

Für 4 Personen

225 g geschälte Jakobsmuscheln
30 ml / 2 Esslöffel gehackter frischer Koriander
4 geschlagene Eier
15 ml / 1 Esslöffel Reiswein oder trockener Sherry
Salz und frisch gemahlener Pfeffer
15 ml / 1 Esslöffel Erdnussöl

Legen Sie die Jakobsmuscheln in einen Dampfgarer und dämpfen Sie sie je nach Größe etwa 3 Minuten lang, bis sie gar sind. Aus dem Dampfgarer nehmen und mit Koriander bestreuen. Die Eier mit dem Wein oder Sherry verquirlen und mit Salz und Pfeffer abschmecken. Jakobsmuscheln und Koriander hinzufügen. Erhitzen Sie das Öl und braten Sie die Ei-Jakobsmuschel-Mischung unter ständigem Rühren an, bis die Eier fertig sind. Sofort servieren.

Jakobsmuschel und Zwiebeln anbraten

Für 4 Personen

45 ml / 3 Esslöffel Erdnussöl (Erdnussöl).
1 Zwiebel in Scheiben geschnitten
450 g geschälte Jakobsmuscheln, geviertelt
Salz und frisch gemahlener Pfeffer
15 ml / 1 Esslöffel Reiswein oder trockener Sherry

Das Öl erhitzen und die Zwiebel anbraten, bis sie weich wird. Die Jakobsmuscheln dazugeben und anbraten, bis sie leicht gebräunt sind. Mit Salz und Pfeffer würzen, mit Wein oder Sherry bestreuen und sofort servieren.

Jakobsmuscheln mit Gemüse

Für 4'6

4 getrocknete chinesische Pilze

2 Zwiebeln

30 ml / 2 Esslöffel Erdnussöl

3 Stangen Sellerie, schräg geschnitten

225 g grüne Bohnen, diagonal geschnitten

10 ml / 2 Teelöffel geriebene Ingwerwurzel

1 zerdrückte Knoblauchzehe

20 ml / 4 Teelöffel Speisestärke (Maisstärke)

250 ml / 8 fl oz / 1 Tasse Hühnerbrühe

30 ml / 2 Esslöffel Reiswein oder trockener Sherry

30 ml / 2 Esslöffel Sojasauce

450 g geschälte Jakobsmuscheln, geviertelt

6 Frühlingszwiebeln (Frühlingszwiebeln), in Scheiben geschnitten

425 g / 15 oz Maiskolben aus der Dose

Die Pilze 30 Minuten in warmem Wasser einweichen und dann abtropfen lassen. Die Stiele entfernen und die Spitzen abschneiden. Die Zwiebeln in Spalten schneiden und die Schichten trennen. Das Öl erhitzen und Zwiebeln, Sellerie, Bohnen, Ingwer und Knoblauch 3 Minuten anbraten. Die Maisstärke mit etwas Brühe vermischen und dann mit der restlichen Brühe, Wein oder Sherry und Sojasauce vermischen. In den Wok geben und unter Rühren zum Kochen bringen. Pilze, Jakobsmuscheln, Frühlingszwiebeln und Mais dazugeben und etwa 5 Minuten anbraten, bis die Jakobsmuscheln weich sind.

Jakobsmuscheln mit Paprika

Für 4 Personen

30 ml / 2 Esslöffel Erdnussöl

3 Frühlingszwiebeln (Frühlingszwiebeln), gehackt

1 zerdrückte Knoblauchzehe

2 Scheiben Ingwerwurzel, gehackt

2 rote Paprika in Würfel schneiden

450 g geschälte Jakobsmuscheln

30 ml / 2 Esslöffel Reiswein oder trockener Sherry

15 ml / 1 Esslöffel Sojasauce

15 ml / 1 Esslöffel gelbe Bohnensauce
5 ml / 1 Teelöffel Zucker
5 ml / 1 Teelöffel Sesamöl

Das Öl erhitzen und die Frühlingszwiebeln, den Knoblauch und den Ingwer 30 Sekunden lang anbraten. Die Paprika dazugeben und 1 Minute anbraten. Die Jakobsmuscheln hinzufügen und 30 Sekunden lang anbraten, dann die restlichen Zutaten hinzufügen und etwa 3 Minuten kochen lassen, bis die Jakobsmuscheln weich sind.

Tintenfisch mit Sojasprossen

Für 4 Personen

450 g / 1 Pfund Tintenfisch
30 ml / 2 Esslöffel Erdnussöl
15 ml / 1 Esslöffel Reiswein oder trockener Sherry
100 g Sojasprossen
15 ml / 1 Esslöffel Sojasauce
Salz

1 rote Chili, gerieben

2 Scheiben Ingwerwurzel, gerieben

2 Frühlingszwiebeln (Frühlingszwiebeln), gerieben

Kopf, Eingeweide und Membran vom Tintenfisch entfernen und in große Stücke schneiden. In jedes Stück ein Kreuzmuster schneiden. Einen Topf mit Wasser zum Kochen bringen, den Tintenfisch dazugeben und bei schwacher Hitze kochen, bis sich die Stücke kräuseln, herausnehmen und abtropfen lassen. Die Hälfte des Öls erhitzen und den Tintenfisch kurz anbraten. Mit Wein oder Sherry bestreuen. In der Zwischenzeit das restliche Öl erhitzen und die Sojasprossen darin anbraten, bis sie weich sind. Mit Sojasauce und Salz würzen. Chili, Ingwer und Frühlingszwiebeln auf einem Servierteller anrichten. Die Sojasprossen in der Mitte anhäufen und den Tintenfisch darauflegen. Sofort servieren.

Fritierter Tintenfisch

Für 4 Personen

50 g/2 Unzen einfaches Mehl (Allzweck)

25 g / 1 oz / ¬° Tasse Maisstärke (Maisstärke)

2,5 ml / ¬Ω Teelöffel Backpulver

2,5 ml / ¬Ω Teelöffel Salz

1 Ei

75 ml / 5 Esslöffel Wasser

15 ml / 1 Esslöffel Erdnussöl

450 g Tintenfisch, in Ringe geschnitten

Öl zum braten

Mehl, Speisestärke, Backpulver, Salz, Ei, Wasser und Öl zu einem Teig verrühren. Tauchen Sie den Tintenfisch in den Teig, bis er gut bedeckt ist. Das Öl erhitzen und den Tintenfisch nach und nach goldbraun braten. Vor dem Servieren auf Küchenpapier abtropfen lassen.

Tintenfischpakete

Für 4 Personen

8 getrocknete chinesische Pilze

450 g/1 Pfund Tintenfisch

100 g geräucherter Schinken

100 g Tofu

1 geschlagenes Ei

15 ml / 1 Esslöffel einfaches Mehl (Allzweck)

2,5 ml / ¬Ω Teelöffel Zucker

2,5 ml / ¬Ω Teelöffel Sesamöl

Salz und frisch gemahlener Pfeffer

8 Wan-Tan-Häute

Öl zum braten

Die Pilze 30 Minuten in warmem Wasser einweichen und dann abtropfen lassen. Entsorgen Sie die Stiele. Den Tintenfisch putzen und in 8 Stücke schneiden. Schinken und Tofu in 8 Stücke schneiden. Alles in eine Schüssel geben. Das Ei mit Mehl, Zucker, Sesamöl, Salz und Pfeffer verrühren. Die Zutaten in die Schüssel geben und vorsichtig vermischen. Legen Sie einen Pilzkopf und ein Stück Tintenfisch, Schinken und Tofu direkt unter die Mitte jeder Wan-Tan-Haut. Falten Sie die untere Ecke ein, falten Sie die Seiten ein und rollen Sie es dann aus. Befeuchten Sie die Ränder mit Wasser, um sie zu versiegeln. Das Öl erhitzen und die Klumpen etwa 8 Minuten lang goldbraun braten. Vor dem Servieren gut abtropfen lassen.

Frittierte Tintenfischröllchen

Für 4 Personen

45 ml / 3 Esslöffel Erdnussöl (Erdnussöl).

225 g Tintenfischringe

1 große grüne Paprika, in Stücke geschnitten

100 g Bambussprossen, in Scheiben geschnitten

2 Frühlingszwiebeln (Frühlingszwiebeln), fein gehackt

1 Scheibe Ingwerwurzel, fein gehackt

45 ml / 2 Esslöffel Sojasauce

30 ml / 2 Esslöffel Reiswein oder trockener Sherry

15 ml / 1 Esslöffel Speisestärke (Maisstärke)

15 ml / 1 Esslöffel Fischbrühe oder Wasser

5 ml / 1 Teelöffel Zucker

5 ml / 1 Teelöffel Weinessig

5 ml / 1 Teelöffel Sesamöl

Salz und frisch gemahlener Pfeffer

15 ml / 1 Esslöffel Öl erhitzen und den Tintenfisch schnell anbraten, bis er gut verschlossen ist. In der Zwischenzeit das restliche Öl in einer separaten Pfanne erhitzen und Paprika, Bambussprossen, Frühlingszwiebeln und Ingwer 2 Minuten lang anbraten. Den Tintenfisch dazugeben und 1 Minute braten.

Sojasauce, Wein oder Sherry, Speisestärke, Brühe, Zucker, Weinessig und Sesamöl hinzufügen und mit Salz und Pfeffer würzen. Sautieren, bis die Sauce klar und dicker wird.

Sautierte Calamari

Für 4 Personen

45 ml / 3 Esslöffel Erdnussöl (Erdnussöl).
3 Frühlingszwiebeln (Frühlingszwiebeln), in dicke Scheiben geschnitten
2 Scheiben Ingwerwurzel, gehackt
450 g Tintenfisch, in Stücke geschnitten
15 ml / 1 Esslöffel Sojasauce
15 ml / 1 Esslöffel Reiswein oder trockener Sherry
5 ml / 1 Teelöffel Speisestärke (Maisstärke)
15 ml / 1 Esslöffel Wasser

Das Öl erhitzen und die Frühlingszwiebeln und den Ingwer anbraten, bis sie weich sind. Den Tintenfisch hinzufügen und braten, bis er mit Öl bedeckt ist. Sojasauce und Wein oder Sherry hinzufügen, abdecken und 2 Minuten köcheln lassen. Maisstärke und Wasser zu einer Paste vermischen, in die Pfanne geben und bei schwacher Hitze unter Rühren kochen, bis die Sauce eindickt und der Tintenfisch zart ist.

Tintenfisch mit getrockneten Pilzen

Für 4 Personen

50 g getrocknete chinesische Pilze
450 g/1 Pfund Tintenfischringe
45 ml / 3 Esslöffel Erdnussöl (Erdnussöl).
45 ml / 3 Esslöffel Sojasauce
2 Frühlingszwiebeln (Frühlingszwiebeln), fein gehackt
1 Scheibe Ingwerwurzel, gehackt
225 g Bambussprossen, in Streifen geschnitten
30 ml / 2 Esslöffel Maismehl (Maisstärke)
150 ml / ¬° pt / großzügige ¬Ω Tasse Fischbrühe

Die Pilze 30 Minuten in warmem Wasser einweichen und dann abtropfen lassen. Die Stiele entfernen und die Spitzen abschneiden. Den Tintenfisch einige Sekunden in kochendem Wasser blanchieren. Das Öl erhitzen, dann die Pilze, die Sojasauce, die Frühlingszwiebeln und den Ingwer dazugeben und 2 Minuten lang anbraten. Den Tintenfisch und die Bambussprossen dazugeben und 2 Minuten unter Rühren anbraten. Maismehl und Brühe vermischen und in die Pfanne rühren. Bei schwacher Hitze unter Rühren kochen, bis die Sauce klar wird und eindickt.

Tintenfisch mit Gemüse

Für 4 Personen

45 ml / 3 Esslöffel Erdnussöl (Erdnussöl).
1 Zwiebel in Scheiben geschnitten
5 ml / 1 Teelöffel Salz
450 g Tintenfisch, in Stücke geschnitten
100 g Bambussprossen, in Scheiben geschnitten
2 Stangen Sellerie, schräg geschnitten
60 ml / 4 Esslöffel Hühnerbrühe
5 ml / 1 Teelöffel Zucker
100 g Zuckerschoten
5 ml / 1 Teelöffel Speisestärke (Maisstärke)
15 ml / 1 Esslöffel Wasser

Das Öl erhitzen und die Zwiebel und das Salz anbraten, bis sie leicht braun werden. Den Tintenfisch dazugeben und anbraten, bis er mit Öl bedeckt ist. Bambussprossen und Sellerie dazugeben und 3 Minuten anbraten. Brühe und Zucker dazugeben, aufkochen und zugedeckt 3 Minuten köcheln lassen, bis das Gemüse weich ist. Fügen Sie das Handletout hinzu. Speisestärke und Wasser zu einer Paste vermischen, in die Pfanne rühren und bei schwacher Hitze unter Rühren kochen, bis die Soße eindickt.

Mit Anis geschmortes Rindfleisch

Für 4 Personen

30 ml / 2 Esslöffel Erdnussöl

450 g Filetsteak

1 zerdrückte Knoblauchzehe

45 ml / 3 Esslöffel Sojasauce

15 ml / 1 Esslöffel Wasser

15 ml / 1 Esslöffel Reiswein oder trockener Sherry

5 ml / 1 Teelöffel Salz

5 ml / 1 Teelöffel Zucker

2 Sternaniszehen

Das Öl erhitzen und das Fleisch darin von allen Seiten goldbraun anbraten. Die restlichen Zutaten hinzufügen, zum Köcheln bringen, abdecken und etwa 45 Minuten köcheln lassen, dann das Fleisch umdrehen und noch etwas Wasser und Sojasauce hinzufügen, falls das Fleisch austrocknet. Weitere 45 Minuten köcheln lassen, bis das Fleisch zart ist. Sternanis vor dem Servieren wegwerfen.

Rindfleisch mit Spargel

Für 4 Personen

450 g Lendensteak, gewürfelt
30 ml / 2 Esslöffel Sojasauce
30 ml / 2 Esslöffel Reiswein oder trockener Sherry
45 ml / 3 Esslöffel Maismehl (Maisstärke)
45 ml / 3 Esslöffel Erdnussöl (Erdnussöl).
5 ml / 1 Teelöffel Salz
1 zerdrückte Knoblauchzehe
350 g Spargelspitzen
120 ml / 4 fl oz / ¬Ω Tasse Hühnerbrühe
15 ml / 1 Esslöffel Sojasauce

Legen Sie das Steak in eine Schüssel. Sojasauce, Wein oder Sherry und 30 ml/2 EL Maismehl mischen, über das Filet gießen und gut umrühren. 30 Minuten mazerieren lassen. Das Öl mit Salz und Knoblauch erhitzen und anbraten, bis der Knoblauch leicht goldbraun ist. Fleisch und Marinade dazugeben und 4 Minuten anbraten. Den Spargel dazugeben und 2 Minuten leicht anbraten. Brühe und Sojasauce hinzufügen, aufkochen und unter Rühren 3 Minuten köcheln lassen, bis das Fleisch gar ist. Die restliche Speisestärke mit etwas mehr Wasser oder Brühe verrühren und unter die Soße rühren. Unter Rühren einige Minuten köcheln lassen, bis die Sauce klar wird und eindickt.

Rindfleisch mit Bambussprossen

Für 4 Personen

45 ml / 3 Esslöffel Erdnussöl (Erdnussöl).
1 zerdrückte Knoblauchzehe
1 Frühlingszwiebel (Frühlingszwiebel), gehackt
1 Scheibe Ingwerwurzel, gehackt
225 g mageres Rindfleisch, in Streifen geschnitten
100 g Bambussprossen
45 ml / 3 Esslöffel Sojasauce
15 ml / 1 Esslöffel Reiswein oder trockener Sherry
5 ml / 1 Teelöffel Speisestärke (Maisstärke)

Das Öl erhitzen und Knoblauch, Frühlingszwiebel und Ingwer anbraten, bis sie leicht goldbraun sind. Das Fleisch hinzufügen und 4 Minuten braten, bis es leicht gebräunt ist. Die Bambussprossen hinzufügen und 3 Minuten braten. Sojasauce, Wein oder Sherry und Maisstärke hinzufügen und 4 Minuten anbraten.

Rindfleisch mit Bambussprossen und Pilzen

Für 4 Personen

225 g mageres Rindfleisch
45 ml / 3 Esslöffel Erdnussöl (Erdnussöl).
1 Scheibe Ingwerwurzel, gehackt
100 g Bambussprossen, in Scheiben geschnitten
100 g Pilze, in Scheiben geschnitten
45 ml / 3 Esslöffel Reiswein oder trockener Sherry
5 ml / 1 Teelöffel Zucker
10 ml / 2 Teelöffel Sojasauce
Salz und Pfeffer
120 ml / 4 fl oz / ¬Ω Tasse Rinderbrühe
15 ml / 1 Esslöffel Speisestärke (Maisstärke)
30 ml / 2 Esslöffel Wasser

Das Fleisch gegen die Faserrichtung in dünne Scheiben schneiden. Das Öl erhitzen und den Ingwer einige Sekunden anbraten. Fleisch hinzufügen und anbraten, bis es braun ist. Bambussprossen und Pilze hinzufügen und 1 Minute lang anbraten. Wein oder Sherry, Zucker und Sojasauce hinzufügen und mit Salz und Pfeffer würzen. Brühe hinzufügen, zum Kochen bringen, abdecken und 3 Minuten köcheln lassen. Speisestärke und Wasser mischen, in die Pfanne rühren und bei schwacher Hitze unter Rühren kochen, bis die Soße eindickt.

Chinesischer geschmortes Rindfleisch

Für 4 Personen

45 ml / 3 Esslöffel Erdnussöl (Erdnussöl).

900 g/2 Pfund Ribeye-Steak

1 Frühlingszwiebel (Frühlingszwiebel), in Scheiben geschnitten

1 Knoblauchzehe, gehackt

1 Scheibe Ingwerwurzel, gehackt

60 ml / 4 Esslöffel Sojasauce

30 ml / 2 Esslöffel Reiswein oder trockener Sherry

5 ml / 1 Teelöffel Zucker

5 ml / 1 Teelöffel Salz

Prise Pfeffer

750 ml / 1 ml / 3 Tassen kochendes Wasser

Das Öl erhitzen und das Fleisch darin von allen Seiten kurz anbraten. Schnittlauch, Knoblauch, Ingwer, Sojasauce, Wein oder Sherry, Zucker, Salz und Pfeffer hinzufügen. Unter Rühren zum Kochen bringen. Das kochende Wasser hinzufügen, unter

Rühren erneut zum Kochen bringen, dann abdecken und etwa 2 Stunden köcheln lassen, bis das Fleisch zart ist.

Rindfleisch mit Sojasprossen

Für 4 Personen

450 g/1 Pfund mageres Rindfleisch, in Scheiben geschnitten
1 Eiweiß
30 ml / 2 Esslöffel Erdnussöl
15 ml / 1 Esslöffel Speisestärke (Maisstärke)
15 ml / 1 Esslöffel Sojasauce
100 g Sojasprossen
25 g eingelegter Kohl, zerkleinert
1 rote Chili, gerieben
2 Frühlingszwiebeln (Frühlingszwiebeln), gerieben
2 Scheiben Ingwerwurzel, gerieben
Salz
5 ml / 1 Teelöffel Austernsauce
5 ml / 1 Teelöffel Sesamöl

Das Fleisch mit dem Eiweiß, der Hälfte des Öls, der Speisestärke und der Sojasauce vermischen und 30 Minuten ruhen lassen. Die Sojasprossen in kochendem Wasser ca. 8 Minuten blanchieren, bis sie fast weich sind, dann abtropfen lassen. Das restliche Öl erhitzen und das Fleisch anbraten, bis es leicht gebräunt ist, dann aus der Pfanne nehmen. Eingelegten Kohl, Chili, Ingwer, Salz, Austernsauce und Sesamöl hinzufügen und 2 Minuten braten. Die Sojasprossen hinzufügen und 2 Minuten anbraten. Geben Sie das Rindfleisch wieder in die Pfanne und braten Sie es an, bis es gut vermischt und durchgewärmt ist. Sofort servieren.

Rindfleisch mit Broccoli

Für 4 Personen

450 g Lendensteak, in dünne Scheiben geschnitten

30 ml / 2 Esslöffel Maismehl (Maisstärke)

15 ml / 1 Esslöffel Reiswein oder trockener Sherry

15 ml / 1 Esslöffel Sojasauce

30 ml / 2 Esslöffel Erdnussöl

5 ml / 1 Teelöffel Salz

1 zerdrückte Knoblauchzehe

225 g Brokkoliröschen

150 ml / ¬° pt / großzügige ¬Ω Tasse Rinderbrühe

Legen Sie das Steak in eine Schüssel. 15 ml / 1 Esslöffel Speisestärke mit Wein oder Sherry und Sojasauce vermischen, zum Fleisch geben und 30 Minuten marinieren lassen. Das Öl mit Salz und Knoblauch erhitzen und anbraten, bis der Knoblauch leicht goldbraun ist. Steak und Marinade dazugeben und 4 Minuten anbraten. Den Brokkoli dazugeben und 3 Minuten anbraten. Die Brühe hinzufügen, zum Kochen bringen, abdecken und 5 Minuten köcheln lassen, bis der Brokkoli zart, aber noch knusprig ist. Die restliche Speisestärke mit etwas Wasser vermischen und in die Soße einrühren. Bei schwacher Hitze unter Rühren kochen, bis die Sauce klar wird und eindickt.

Sesam-Rindfleisch mit Brokkoli

Für 4 Personen

150 g mageres Rindfleisch, in dünne Scheiben geschnitten
2,5 ml / ¬Ω Teelöffel Austernsauce
5 ml / 1 Teelöffel Speisestärke (Maisstärke)
5 ml / 1 Teelöffel Weißweinessig
60 ml / 4 Esslöffel Erdnussöl

100 g Brokkoliröschen
5 ml / 1 Teelöffel Fischsauce
2,5 ml / ½ Teelöffel Sojasauce
250 ml / 8 fl oz / 1 Tasse Rinderbrühe
30 ml / 2 Esslöffel Sesamkörner

Marinieren Sie das Fleisch mit der Austernsauce, 2,5 ml / ½ Teelöffel Speisestärke, 2,5 ml / ½ Teelöffel Weinessig und 15 ml / ½ Teelöffel Öl 1 Stunde lang.

In der Zwischenzeit 15 ml / 1 EL Öl erhitzen, den Brokkoli, 2,5 ml / ½ TL Fischsauce, die Sojasauce und den restlichen Weinessig hinzufügen und mit kochendem Wasser bedecken. Etwa 10 Minuten köcheln lassen, bis es weich ist.

30 ml/2 EL Öl in einer separaten Bratpfanne erhitzen und das Fleisch kurz anbraten, bis es scharf ist. Brühe, restliche Maisstärke und Fischsoße dazugeben, aufkochen, abdecken und etwa 10 Minuten köcheln lassen, bis das Fleisch zart ist. Den Brokkoli abtropfen lassen und auf einen warmen Servierteller legen. Mit Fleisch belegen und großzügig mit Sesamkörnern bestreuen.

Gebratenes Fleisch

Für 4 Personen

450 g / 1 Pfund mageres Steak, in Scheiben geschnitten
60 ml / 4 Esslöffel Sojasauce
2 Knoblauchzehen, zerdrückt
5 ml / 1 Teelöffel Salz
2,5 ml / ¬Ω Teelöffel frisch gemahlener Pfeffer
10 ml / 2 Teelöffel Zucker

Alle Zutaten vermischen und 3 Stunden marinieren lassen. Über einem heißen Grill etwa 5 Minuten pro Seite grillen oder grillen.

Kantonesisches Rindfleisch

Für 4 Personen

30 ml / 2 Esslöffel Maismehl (Maisstärke)
2 geschlagene Eiweiße
450 g Steak, in Streifen geschnitten
Öl zum braten
4 Stangen Sellerie, in Scheiben geschnitten
2 Zwiebeln in Scheiben geschnitten
60 ml / 4 Esslöffel Wasser
20 ml / 4 Teelöffel Salz
75 ml / 5 Esslöffel Sojasauce
60 ml / 4 Esslöffel Reiswein oder trockener Sherry
30 ml / 2 Esslöffel Zucker
frisch gemahlener Pfeffer

Die Hälfte der Speisestärke mit dem Eiweiß verrühren. Fügen Sie das Steak hinzu und schwenken Sie es, bis das Fleisch mit dem Teig bedeckt ist. Das Öl erhitzen und das Steak goldbraun braten. Aus der Pfanne nehmen und auf Küchenpapier abtropfen lassen. 15 ml/1 EL Öl erhitzen und Sellerie und Zwiebel 3 Minuten anbraten. Fleisch, Wasser, Salz, Sojasauce, Wein oder Sherry und Zucker hinzufügen und mit Pfeffer würzen. Zum Kochen bringen und unter Rühren köcheln lassen, bis die Sauce eindickt.

Rindfleisch mit Karotten

Für 4 Personen

30 ml / 2 Esslöffel Erdnussöl
450 g / 1 Pfund mageres Rindfleisch, gewürfelt
2 Frühlingszwiebeln (Frühlingszwiebeln), in Scheiben geschnitten
2 Knoblauchzehen, zerdrückt
1 Scheibe Ingwerwurzel, gehackt
250 ml / 8 fl oz / 1 Tasse Sojasauce
30 ml / 2 Esslöffel Reiswein oder trockener Sherry
30 ml / 2 Esslöffel brauner Zucker
5 ml / 1 Teelöffel Salz
600 ml / 1 pt / 2 Ω Tassen Wasser
4 Karotten, schräg geschnitten

Das Öl erhitzen und das Fleisch anbraten, bis es leicht gebräunt ist. Überschüssiges Öl abgießen, Frühlingszwiebeln, Knoblauch, Ingwer und Anis dazugeben und 2 Minuten braten. Sojasauce, Wein oder Sherry, Zucker und Salz hinzufügen und gut vermischen. Wasser hinzufügen, zum Kochen bringen, abdecken und 1 Stunde köcheln lassen. Karotten hinzufügen, abdecken und weitere 30 Minuten köcheln lassen. Den Deckel abnehmen und köcheln lassen, bis die Soße eingekocht ist.

Rindfleisch mit Cashewnüssen

Für 4 Personen

60 ml / 4 Esslöffel Erdnussöl

450 g Lendensteak, in dünne Scheiben geschnitten

8 Frühlingszwiebeln (Frühlingszwiebeln), in Stücke geschnitten

2 Knoblauchzehen, zerdrückt

1 Scheibe Ingwerwurzel, gehackt

75 g / 3 oz / ¬œ Tasse geröstete Cashewnüsse

120 ml / 4 fl oz / ¬Ω Tasse Wasser

20 ml / 4 Teelöffel Speisestärke (Maisstärke)

20 ml / 4 Teelöffel Sojasauce

5 ml / 1 Teelöffel Sesamöl

5 ml / 1 Teelöffel Austernsauce

5 ml/1 Teelöffel Chilisauce

Die Hälfte des Öls erhitzen und das Fleisch anbraten, bis es leicht gebräunt ist. Aus der Pfanne nehmen. Das restliche Öl erhitzen und die Frühlingszwiebeln, den Knoblauch, den Ingwer und die Cashewnüsse 1 Minute lang anbraten. Fleisch wieder in die Pfanne geben. Mischen Sie die restlichen Zutaten und rühren Sie die Mischung in die Pfanne. Zum Kochen bringen und unter Rühren köcheln lassen, bis die Mischung eindickt.

Slow Cooker Rindfleischauflauf

Für 4 Personen

30 ml / 2 Esslöffel Erdnussöl
450 g Schmorfleisch, gewürfelt
3 Scheiben Ingwerwurzel, gehackt
3 Karotten in Scheiben geschnitten
1 Rübe, gewürfelt
15 ml / 1 Esslöffel schwarze Datteln, entsteint
15 ml / 1 Esslöffel Lotussamen
30 ml / 2 Esslöffel Tomatenpüree (Paste)
10 ml / 2 Esslöffel Salz
900 ml / 1 Ω pts / 3 ¬œ Tassen Rinderbrühe
250 ml / 8 fl oz / 1 Tasse Reiswein oder trockener Sherry

Erhitzen Sie das Öl in einem großen feuerfesten Topf oder einer Bratpfanne und braten Sie das Fleisch an, bis es von allen Seiten versiegelt ist.

Rindfleisch mit Blumenkohl

Für 4 Personen

225 g Blumenkohlröschen

Öl zum braten

225 g Rindfleisch, in Streifen geschnitten

50 g Bambussprossen, in Streifen geschnitten

10 Wasserkastanien, in Streifen geschnitten

120 ml / 4 fl oz / ½ Tasse Hühnerbrühe

15 ml / 1 Esslöffel Sojasauce

15 ml / 1 Esslöffel Austernsauce

15 ml / 1 Esslöffel Tomatenmark (Paste)

15 ml / 1 Esslöffel Speisestärke (Maisstärke)

2,5 ml / ½ Teelöffel Sesamöl

Den Blumenkohl 2 Minuten in kochendem Wasser vorkochen und dann abgießen. Das Öl erhitzen und den Blumenkohl anbraten, bis er leicht goldbraun ist. Herausnehmen und auf Küchenpapier abtropfen lassen. Das Öl erneut erhitzen und das Fleisch anbraten, bis es leicht gebräunt ist, dann herausnehmen und abtropfen lassen. Gießen Sie alles bis auf 15 ml/1 EL Öl hinein und braten Sie die Bambussprossen und Wasserkastanien 2 Minuten lang an. Die restlichen Zutaten dazugeben, zum Kochen bringen und unter Rühren köcheln lassen, bis die Sauce eindickt. Geben Sie das Rindfleisch und den Blumenkohl wieder in die Pfanne und erhitzen Sie es vorsichtig. Sofort servieren.

Rindfleisch mit Sellerie

Für 4 Personen

100 g Sellerie, in Streifen geschnitten
45 ml / 3 Esslöffel Erdnussöl (Erdnussöl).
2 Frühlingszwiebeln (Frühlingszwiebeln), gehackt
1 Scheibe Ingwerwurzel, gehackt
225 g mageres Rindfleisch, in Streifen geschnitten
30 ml / 2 Esslöffel Sojasauce
30 ml / 2 Esslöffel Reiswein oder trockener Sherry
2,5 ml / ¬Ω Teelöffel Zucker
2,5 ml / ¬Ω Teelöffel Salz

Den Sellerie 1 Minute in kochendem Wasser blanchieren und anschließend gut abtropfen lassen. Das Öl erhitzen und die Frühlingszwiebeln und den Ingwer anbraten, bis sie leicht goldbraun sind. Das Fleisch dazugeben und 4 Minuten anbraten. Den Sellerie dazugeben und 2 Minuten anbraten. Sojasauce,

Wein oder Sherry, Zucker und Salz hinzufügen und 3 Minuten anbraten.

Gebratene Rindfleischscheiben mit Sellerie

Für 4 Personen

30 ml / 2 Esslöffel Erdnussöl

450 g/1 Pfund mageres Rindfleisch, in Scheiben geschnitten

3 Stangen Sellerie, gerieben

1 Zwiebel, gerieben

1 Frühlingszwiebel (Frühlingszwiebel), in Scheiben geschnitten

1 Scheibe Ingwerwurzel, gehackt

30 ml / 2 Esslöffel Sojasauce

15 ml / 1 Esslöffel Reiswein oder trockener Sherry

2,5 ml / ¬Ω Teelöffel Zucker

2,5 ml / ¬Ω Teelöffel Salz

10 ml / 2 Teelöffel Speisestärke (Maisstärke)

30 ml / 2 Esslöffel Wasser

Die Hälfte des Öls sehr heiß erhitzen und das Fleisch 1 Minute lang goldbraun braten. Aus der Pfanne nehmen. Das restliche Öl erhitzen und Sellerie, Zwiebel, Frühlingszwiebel und Ingwer anbraten, bis sie leicht weich sind. Das Fleisch mit Sojasauce, Wein oder Sherry, Zucker und Salz wieder in die Pfanne geben, zum Kochen bringen und unter Rühren erhitzen. Speisestärke und Wasser vermischen, in die Pfanne rühren und köcheln lassen, bis die Soße eindickt. Sofort servieren.

Geschnetzeltes Rindfleisch mit Hühnchen und Sellerie

Für 4 Personen

4 getrocknete chinesische Pilze

45 ml / 3 Esslöffel Erdnussöl (Erdnussöl).

2 Knoblauchzehen, zerdrückt

1 geschnittene Ingwerwurzel, gehackt

5 ml / 1 Teelöffel Salz

100 g mageres Rindfleisch, in Streifen geschnitten

100 g Hähnchen, in Streifen geschnitten

2 Karotten, in Streifen schneiden

2 Stangen Sellerie, in Streifen geschnitten

4 Frühlingszwiebeln (Frühlingszwiebeln), in Streifen schneiden

5 ml / 1 Teelöffel Zucker

5 ml / 1 Teelöffel Sojasauce

5 ml / 1 Teelöffel Reiswein oder trockener Sherry
45 ml / 3 Esslöffel Wasser
5 ml / 1 Teelöffel Speisestärke (Maisstärke)

Die Pilze 30 Minuten in warmem Wasser einweichen und dann abtropfen lassen. Die Stiele entfernen und die Spitzen hacken. Das Öl erhitzen und Knoblauch, Ingwer und Salz leicht goldbraun anbraten. Fleisch und Hähnchen dazugeben und anbraten, bis es anfängt zu bräunen. Sellerie, Frühlingszwiebeln, Zucker, Sojasauce, Wein oder Sherry und Wasser hinzufügen und zum Kochen bringen. Abdecken und etwa 15 Minuten köcheln lassen, bis das Fleisch zart ist. Die Speisestärke mit etwas Wasser vermischen, in die Soße einrühren und bei schwacher Hitze unter Rühren kochen, bis die Soße eindickt.

Rindfleisch mit Chile

Für 4 Personen

450 g Lendensteak, in Streifen geschnitten
45 ml / 3 Esslöffel Sojasauce

15 ml / 1 Esslöffel Reiswein oder trockener Sherry
15 ml / 1 Esslöffel brauner Zucker
15 ml / 1 Esslöffel fein gehackte Ingwerwurzel
30 ml / 2 Esslöffel Erdnussöl
50 g Bambussprossen, in Stäbchen geschnitten
1 Zwiebel in Streifen schneiden
1 Stange Sellerie, in Streichhölzer geschnitten
2 rote Chilis, entkernt und in Streifen geschnitten
120 ml / 4 fl oz / ¬Ω Tasse Hühnerbrühe
15 ml / 1 Esslöffel Speisestärke (Maisstärke)

Legen Sie das Steak in eine Schüssel. Sojasauce, Wein oder Sherry, Zucker und Ingwer vermischen und unter das Steak rühren. 1 Stunde mazerieren lassen. Steak aus der Marinade nehmen. Die Hälfte des Öls erhitzen und Bambussprossen, Zwiebeln, Sellerie und Chili 3 Minuten anbraten, dann aus der Pfanne nehmen. Das restliche Öl erhitzen und das Steak 3 Minuten braten. Die Marinade dazugeben, zum Kochen bringen und das gebratene Gemüse dazugeben. Bei schwacher Hitze unter Rühren 2 Minuten kochen lassen. Brühe und Speisestärke vermischen und in die Pfanne geben. Zum Kochen bringen und unter Rühren köcheln lassen, bis die Soße klar wird und eindickt.

Rindfleisch mit Chinakohl

Für 4 Personen

225 g mageres Rindfleisch
30 ml / 2 Esslöffel Erdnussöl
350 g Pak Choi, gerieben
120 ml / 4 fl oz / ¬Ω Tasse Rinderbrühe
Salz und frisch gemahlener Pfeffer
10 ml / 2 Teelöffel Speisestärke (Maisstärke)
30 ml / 2 Esslöffel Wasser

Das Fleisch gegen die Faserrichtung in dünne Scheiben schneiden. Das Öl erhitzen und das Fleisch goldbraun braten. Den Pak Choi dazugeben und anbraten, bis er leicht weich ist.

Brühe hinzufügen, aufkochen und mit Salz und Pfeffer würzen. Abdecken und 4 Minuten köcheln lassen, bis das Fleisch zart ist. Speisestärke und Wasser mischen, in die Pfanne rühren und bei schwacher Hitze unter Rühren kochen, bis die Soße eindickt.

Rinder-Chop-Suey

Für 4 Personen

3 Stangen Sellerie, in Scheiben geschnitten

100 g Sojasprossen

100 g Brokkoliröschen

60 ml / 4 Esslöffel Erdnussöl

3 Frühlingszwiebeln (Frühlingszwiebeln), gehackt

2 Knoblauchzehen, zerdrückt

1 Scheibe Ingwerwurzel, gehackt

225 g mageres Rindfleisch, in Streifen geschnitten

45 ml / 3 Esslöffel Sojasauce

15 ml / 1 Esslöffel Reiswein oder trockener Sherry

5 ml / 1 Teelöffel Salz

2,5 ml / ½ Teelöffel Zucker

frisch gemahlener Pfeffer

15 ml / 1 Esslöffel Speisestärke (Maisstärke)

Sellerie, Sojasprossen und Brokkoli in kochendem Wasser 2 Minuten blanchieren, dann abtropfen lassen und trocken tupfen. 45 ml/3 EL Öl erhitzen und Frühlingszwiebeln, Knoblauch und Ingwer anbraten, bis sie leicht goldbraun sind. Das Fleisch dazugeben und 4 Minuten anbraten. Aus der Pfanne nehmen. Das restliche Öl erhitzen und das Gemüse 3 Minuten braten. Fleisch, Sojasauce, Wein oder Sherry, Salz, Zucker und eine Prise Pfeffer hinzufügen und 2 Minuten anbraten. Die Speisestärke mit etwas Wasser vermischen, in die Pfanne rühren und bei schwacher Hitze unter Rühren kochen, bis die Soße klar wird und eindickt.

Rindfleisch mit Gurke

Für 4 Personen

450 g Lendensteak, in dünne Scheiben geschnitten

45 ml / 3 Esslöffel Sojasauce
30 ml / 2 Esslöffel Maismehl (Maisstärke)
60 ml / 4 Esslöffel Erdnussöl
2 Gurken, geschält, entkernt und in Scheiben geschnitten
60 ml / 4 Esslöffel Hühnerbrühe
30 ml / 2 Esslöffel Reiswein oder trockener Sherry
Salz und frisch gemahlener Pfeffer

Legen Sie das Steak in eine Schüssel. Sojasauce und Speisestärke vermischen und zum Steak geben. 30 Minuten mazerieren lassen. Die Hälfte des Öls erhitzen und die Gurken 3 Minuten darin braten, bis sie glasig sind, dann aus der Pfanne nehmen. Das restliche Öl erhitzen und das Steak goldbraun braten. Die Gurken dazugeben und 2 Minuten anbraten. Brühe, Wein oder Sherry hinzufügen und mit Salz und Pfeffer würzen. Zum Kochen bringen, abdecken und 3 Minuten köcheln lassen.

Beef Chow Mein

Für 4 Personen

750 g / 1 ¬Ω lb Rinderfilet

2 Zwiebeln

45 ml / 3 Esslöffel Sojasauce

45 ml / 3 Esslöffel Reiswein oder trockener Sherry

15 ml / 1 Esslöffel Erdnussbutter

5 ml / 1 Teelöffel Zitronensaft

350 g Eiernudeln

60 ml / 4 Esslöffel Erdnussöl

175 ml / 6 fl oz / ¬œ Tasse Hühnerbrühe

15 ml / 1 Esslöffel Speisestärke (Maisstärke)

30 ml / 2 Esslöffel Austernsauce

4 Frühlingszwiebeln (Frühlingszwiebeln), gehackt

3 Stangen Sellerie, in Scheiben geschnitten

100 g Pilze, in Scheiben geschnitten

1 grüne Paprika in Streifen schneiden

100 g Sojasprossen

Schneiden Sie das Fett vom Fleisch ab und entsorgen Sie es. Entlang der Faser in dünne Scheiben schneiden. Die Zwiebeln in Spalten schneiden und die Schichten trennen. Mischen Sie 15 ml/1 EL Sojasauce mit 15 ml/1 EL Wein oder Sherry, Erdnussbutter und Zitronensaft. Das Fleisch hinzufügen, abdecken und 1 Stunde ruhen lassen. Kochen Sie die Nudeln in kochendem Wasser etwa 5 Minuten lang oder bis sie weich sind.

Gut abtropfen lassen. 15 ml / 1 EL Öl erhitzen, 15 ml / 1 EL Sojasauce und die Nudeln hinzufügen und 2 Minuten leicht goldbraun braten. Auf einen warmen Servierteller geben.

Restliche Sojasauce und Wein oder Sherry mit Brühe, Maismehl und Austernsauce vermischen. 15 ml/1 EL Öl erhitzen und die Zwiebeln 1 Minute anbraten. Sellerie, Pilze, Paprika und Sojasprossen hinzufügen und 2 Minuten anbraten. Aus dem Wok nehmen. Das restliche Öl erhitzen und das Fleisch goldbraun braten. Brühemischung hinzufügen, zum Kochen bringen, abdecken und 3 Minuten köcheln lassen. Das Gemüse wieder in den Wok geben und unter Rühren etwa 4 Minuten lang köcheln lassen, bis es heiß ist. Die Mischung über die Nudeln gießen und servieren.

Gurkenfilet

Für 4 Personen

450 g Lendensteak

10 ml / 2 Teelöffel Speisestärke (Maisstärke)

10 ml / 2 Teelöffel Salz

2,5 ml / ¬Ω Teelöffel frisch gemahlener Pfeffer

90 ml / 6 Esslöffel Erdnussöl

1 Zwiebel fein gehackt

1 Gurke, geschält und in Scheiben geschnitten

120 ml / 4 fl oz / ½ Tasse Rinderbrühe

Das Filet in Streifen und dann gegen die Faserrichtung in dünne Scheiben schneiden. In eine Schüssel geben und Maisstärke, Salz, Pfeffer und die Hälfte des Öls hinzufügen. 30 Minuten mazerieren lassen. Das restliche Öl erhitzen und das Fleisch und die Zwiebeln leicht goldbraun braten. Gurken und Brühe dazugeben, aufkochen, abdecken und 5 Minuten köcheln lassen.

Gebackenes Rindfleisch-Curry

Für 4 Personen

45 ml / 3 Esslöffel Butter

15 ml / 1 Esslöffel Currypulver

45 ml / 3 Esslöffel einfaches Mehl (Allzweck)

375 ml / 13 fl oz / 1 ½ Tassen Milch

15 ml / 1 Esslöffel Sojasauce

Salz und frisch gemahlener Pfeffer

450 g / 1 Pfund gekochtes Rindfleisch, gehackt

100 g Erbsen

2 Karotten gehackt

2 Zwiebeln gehackt

225 g / 8 oz gekochter Langkornreis, scharf

1 hartgekochtes Ei (gekocht), in Scheiben geschnitten

Butter schmelzen, Currypulver und Mehl hinzufügen und 1 Minute kochen lassen. Milch und Sojasauce hinzufügen, zum Kochen bringen und unter Rühren 2 Minuten köcheln lassen. Mit Salz und Pfeffer würzen. Das Rindfleisch, die Erbsen, die Karotten und die Zwiebeln dazugeben und gut umrühren, bis die Soße bedeckt ist. Geben Sie den Reis hinzu, geben Sie die Mischung dann in eine Auflaufform und backen Sie sie im vorgeheizten Ofen bei 200 ∞C / 400 ∞F / Gasstufe 6 20 Minuten lang, bis das Gemüse weich ist. Mit hartgekochten Eischeiben garniert servieren.

Einfache Hähnchenpfanne

Für 4 Personen

1 Hähnchenbrust, in dünne Scheiben geschnitten
2 Scheiben Ingwerwurzel, gehackt
2 Frühlingszwiebeln (Frühlingszwiebeln), gehackt
15 ml / 1 Esslöffel Speisestärke (Maisstärke)
15 ml / 1 Esslöffel Reiswein oder trockener Sherry
30 ml / 2 Esslöffel Wasser
2,5 ml / ½ Teelöffel Salz
45 ml / 3 Esslöffel Erdnussöl (Erdnussöl).
100 g Bambussprossen, in Scheiben geschnitten
100 g Pilze, in Scheiben geschnitten
100 g Sojasprossen
15 ml / 1 Esslöffel Sojasauce
5 ml / 1 Teelöffel Zucker
120 ml / 4 fl oz / ½ Tasse Hühnerbrühe

Legen Sie das Huhn in eine Schüssel. Ingwer, Frühlingszwiebeln, Maisstärke, Wein oder Sherry, Wasser und Salz mischen, zum Huhn geben und 1 Stunde ruhen lassen. Die Hälfte des Öls erhitzen und das Hähnchen darin leicht goldbraun braten, dann aus der Pfanne nehmen. Das restliche Öl erhitzen und die Bambussprossen, Pilze und Sojasprossen 4 Minuten braten.

Sojasauce, Zucker und Brühe hinzufügen, aufkochen und zugedeckt 5 Minuten köcheln lassen, bis das Gemüse weich ist. Geben Sie das Hähnchen zurück in die Pfanne, rühren Sie es gut um und erhitzen Sie es vor dem Servieren vorsichtig.

Hähnchen in Tomatensauce

Für 4 Personen

30 ml / 2 Esslöffel Erdnussöl

5 ml / 1 Teelöffel Salz

2 Knoblauchzehen, zerdrückt

450 g Hähnchen, gewürfelt

300 ml / ½ pt / 1¼ Tassen Hühnerbrühe

120 ml / 4 fl oz / ½ Tasse Tomatensauce (Ketchup)

15 ml / 1 Esslöffel Speisestärke (Maisstärke)

4 Frühlingszwiebeln (Frühlingszwiebeln), in Scheiben geschnitten

Das Öl mit Salz und Knoblauch erhitzen, bis der Knoblauch leicht goldbraun ist. Das Hähnchen dazugeben und anbraten, bis es leicht gebräunt ist. Den größten Teil der Brühe hinzufügen, zum Kochen bringen, abdecken und etwa 15 Minuten köcheln lassen, bis das Huhn weich ist. Die restliche Brühe mit der Tomatensauce und dem Maismehl verrühren und in die Pfanne rühren. Bei schwacher Hitze unter Rühren kochen, bis die Sauce eindickt und klar wird. Wenn die Soße zu dünn ist, lassen Sie sie eine Weile köcheln, bis sie einkocht. Die Frühlingszwiebeln dazugeben und vor dem Servieren 2 Minuten köcheln lassen.

Huhn mit Tomaten

Für 4 Personen

225 g Hähnchen, gewürfelt
15 ml / 1 Esslöffel Speisestärke (Maisstärke)
15 ml / 1 Esslöffel Sojasauce
15 ml / 1 Esslöffel Reiswein oder trockener Sherry
45 ml / 3 Esslöffel Erdnussöl (Erdnussöl).
1 Zwiebel in Würfel schneiden
60 ml / 4 Esslöffel Hühnerbrühe
5 ml / 1 Teelöffel Salz
5 ml / 1 Teelöffel Zucker
2 Tomaten, gehäutet und gewürfelt

Das Hähnchen mit Maisstärke, Sojasauce und Wein oder Sherry vermischen und 30 Minuten ruhen lassen. Erhitzen Sie das Öl und braten Sie das Hähnchen an, bis es eine helle Farbe hat. Die Zwiebel dazugeben und anbraten, bis sie weich ist. Brühe, Salz und Zucker hinzufügen, zum Kochen bringen und bei schwacher Hitze vorsichtig rühren, bis das Hähnchen gar ist. Fügen Sie die Tomaten hinzu und rühren Sie, bis sie durchgewärmt sind.

Pochiertes Hähnchen mit Tomaten

Für 4 Personen

4 Portionen Hühnchen
4 Tomaten, gehäutet und geviertelt
15 ml / 1 Esslöffel Reiswein oder trockener Sherry
15 ml / 1 Esslöffel Erdnussöl
Salz

Das Hähnchen in eine Pfanne geben und mit kaltem Wasser bedecken. Zum Kochen bringen, abdecken und 20 Minuten köcheln lassen. Tomaten, Wein oder Sherry, Öl und Salz hinzufügen, abdecken und weitere 10 Minuten köcheln lassen, bis das Hähnchen gar ist. Legen Sie das Hähnchen auf einen vorgewärmten Servierteller und schneiden Sie es zum Servieren in Stücke. Die Soße erneut erhitzen und zum Servieren über das Hähnchen gießen.

Hähnchen und Tomaten mit schwarzer Bohnensauce

Für 4 Personen

45 ml / 3 Esslöffel Erdnussöl (Erdnussöl).

1 zerdrückte Knoblauchzehe

45 ml / 3 Esslöffel schwarze Bohnensauce

225 g Hähnchen, gewürfelt

15 ml / 1 Esslöffel Reiswein oder trockener Sherry

5 ml / 1 Teelöffel Zucker

15 ml / 1 Esslöffel Sojasauce

90 ml / 6 Esslöffel Hühnerbrühe

3 Tomaten, gehäutet und geviertelt

10 ml / 2 Teelöffel Speisestärke (Maisstärke)

45 ml / 3 Esslöffel Wasser

Das Öl erhitzen und den Knoblauch 30 Sekunden lang anbraten. Fügen Sie die schwarze Bohnensauce hinzu und braten Sie sie 30 Sekunden lang. Fügen Sie dann das Huhn hinzu und rühren Sie um, bis es gut mit Öl bedeckt ist. Wein oder Sherry, Zucker, Sojasauce und Brühe hinzufügen, zum Kochen bringen, abdecken und etwa 5 Minuten köcheln lassen, bis das Huhn gar ist. Maisstärke und Wasser zu einer Paste vermischen, in die

Pfanne rühren und bei schwacher Hitze unter Rühren kochen, bis die Soße klar wird und eindickt.

Schnell gekochtes Hähnchen mit Gemüse

Für 4 Personen

1 Eiweiß

50 g Maismehl (Maisstärke)

225 g Hähnchenbrust, in Streifen geschnitten

75 ml / 5 Esslöffel Erdnussöl (Erdnussöl).

200 g Bambussprossen, in Streifen geschnitten

50 g Sojasprossen

1 grüne Paprika in Streifen schneiden

3 Frühlingszwiebeln (Frühlingszwiebeln), in Scheiben geschnitten

1 Scheibe Ingwerwurzel, gehackt

1 Knoblauchzehe, gehackt

15 ml / 1 Esslöffel Reiswein oder trockener Sherry

Eiweiß und Maisstärke verquirlen und die Hähnchenstreifen darin eintauchen. Erhitzen Sie das Öl auf mäßige Hitze und braten Sie das Hähnchen einige Minuten lang, bis es gar ist. Aus der Pfanne nehmen und gut abtropfen lassen. Bambussprossen, Sojasprossen, Paprika, Zwiebel, Ingwer und Knoblauch in die Pfanne geben und 3 Minuten braten. Den Wein oder Sherry hinzufügen und das Huhn wieder in die Pfanne geben. Vor dem Servieren gut umrühren und erhitzen.

Huhn mit Walnüssen

Für 4 Personen

45 ml / 3 Esslöffel Erdnussöl (Erdnussöl).
2 Frühlingszwiebeln (Frühlingszwiebeln), gehackt
1 Scheibe Ingwerwurzel, gehackt
450 g Hähnchenbrust, sehr dünn geschnitten
50 g Schinken, zerkleinert
30 ml / 2 Esslöffel Sojasauce
30 ml / 2 Esslöffel Reiswein oder trockener Sherry
5 ml / 1 Teelöffel Zucker
5 ml / 1 Teelöffel Salz
100 g / 4 oz / 1 Tasse Walnüsse, gehackt

Das Öl erhitzen und die Zwiebeln und den Ingwer 1 Minute anbraten. Hähnchen und Schinken dazugeben und 5 Minuten braten, bis sie fast gar sind. Sojasauce, Wein oder Sherry, Zucker und Salz hinzufügen und 3 Minuten anbraten. Die Walnüsse dazugeben und 1 Minute anbraten, bis die Zutaten gut vermischt sind.

Huhn mit Walnüssen

Für 4 Personen

100 g / 4 oz / 1 Tasse geschälte Walnüsse, halbiert

Öl zum braten

45 ml / 3 Esslöffel Erdnussöl (Erdnussöl).

2 Scheiben Ingwerwurzel, gehackt

225 g Hähnchen, gewürfelt

100 g Bambussprossen, in Scheiben geschnitten

75 ml / 5 Esslöffel Hühnerbrühe

Bereiten Sie die Nüsse vor, erhitzen Sie das Öl und braten Sie die Nüsse goldbraun an und lassen Sie sie gut abtropfen. Erdnussöl erhitzen und den Ingwer 30 Sekunden anbraten. Das Hähnchen dazugeben und anbraten, bis es leicht gebräunt ist. Die restlichen Zutaten hinzufügen, zum Kochen bringen und unter Rühren köcheln lassen, bis das Huhn gar ist.

Huhn mit Wasserkastanien

Für 4 Personen

45 ml / 3 Esslöffel Erdnussöl (Erdnussöl).
2 Knoblauchzehen, zerdrückt
2 Frühlingszwiebeln (Frühlingszwiebeln), gehackt
1 Scheibe Ingwerwurzel, gehackt
225 g Hähnchenbrust, in Scheiben geschnitten
100 g Wasserkastanien, in Scheiben geschnitten
45 ml / 3 Esslöffel Sojasauce
15 ml / 1 Esslöffel Reiswein oder trockener Sherry
5 ml / 1 Teelöffel Speisestärke (Maisstärke)

Das Öl erhitzen und Knoblauch, Frühlingszwiebeln und Ingwer anbraten, bis sie leicht goldbraun sind. Das Hähnchen dazugeben und 5 Minuten anbraten. Die Wasserkastanien dazugeben und 3 Minuten anbraten. Sojasauce, Wein oder Sherry und Speisestärke hinzufügen und etwa 5 Minuten anbraten, bis das Hähnchen gar ist.

Gesalzenes Hähnchen mit Wasserkastanien

Für 4 Personen

30 ml / 2 Esslöffel Erdnussöl

4 Stück Hühnchen

3 Frühlingszwiebeln (Frühlingszwiebeln), gehackt

2 Knoblauchzehen, zerdrückt

1 Scheibe Ingwerwurzel, gehackt

250 ml / 8 fl oz / 1 Tasse Sojasauce

30 ml / 2 Esslöffel Reiswein oder trockener Sherry

30 ml / 2 Esslöffel brauner Zucker

5 ml / 1 Teelöffel Salz

375 ml / 13 fl oz / 1¼ Tassen Wasser

225 g Wasserkastanien, in Scheiben geschnitten

15 ml / 1 Esslöffel Speisestärke (Maisstärke)

Das Öl erhitzen und die Hähnchenteile goldbraun braten. Frühlingszwiebeln, Knoblauch und Ingwer hinzufügen und 2 Minuten anbraten. Sojasauce, Wein oder Sherry, Zucker und Salz hinzufügen und gut verrühren. Das Wasser hinzufügen und zum Kochen bringen, abdecken und 20 Minuten köcheln lassen. Die Wasserkastanien hinzufügen, abdecken und weitere 20 Minuten kochen lassen. Die Speisestärke mit etwas Wasser vermischen, in die Soße einrühren und bei schwacher Hitze unter Rühren kochen, bis die Soße klar wird und eindickt.

Hühnchen-Wan-Tan

Für 4 Personen

4 getrocknete chinesische Pilze
450 g Hähnchenbrust, zerkleinert
225 g gemischtes Gemüse, gehackt
1 Frühlingszwiebel (Frühlingszwiebel), gehackt
15 ml / 1 Esslöffel Sojasauce
2,5 ml / ½ Teelöffel Salz
40 Wan-Tan-Häute
1 geschlagenes Ei

Die Pilze 30 Minuten in warmem Wasser einweichen und dann abtropfen lassen. Die Stiele entfernen und die Spitzen hacken. Mit Hähnchen, Gemüse, Sojasauce und Salz vermischen.

Um die Wontons zu falten, halten Sie die Haut in der linken Handfläche und geben Sie etwas Füllung in die Mitte. Befeuchten Sie die Ränder mit Ei, falten Sie die Haut zu einem Dreieck und verschließen Sie die Ränder. Die Ecken mit Ei befeuchten und verdrehen.

Bringen Sie einen Topf mit Wasser zum Kochen. Die Wontons dazugeben und etwa 10 Minuten köcheln lassen, bis sie an der Oberfläche schwimmen.

Knusprige Hähnchenflügel

Für 4 Personen

900 g Hähnchenflügel
60 ml / 4 Esslöffel Reiswein oder trockener Sherry
60 ml / 4 Esslöffel Sojasauce
50 g / 2 oz / ½ Tasse Maismehl (Maisstärke)
Erdnussöl zum Braten

Die Chicken Wings in eine Schüssel geben. Die restlichen Zutaten vermischen und über die Hähnchenflügel gießen und gut umrühren, sodass sie mit der Soße bedeckt sind. Abdecken und 30 Minuten stehen lassen. Erhitzen Sie das Öl und braten Sie das Huhn nacheinander an, bis es gar und dunkelbraun ist. Auf Küchenpapier gut abtropfen lassen und warm halten, während das restliche Hähnchen gebraten wird.

Hähnchenflügel mit fünf Gewürzen

Für 4 Personen

30 ml / 2 Esslöffel Erdnussöl

2 Knoblauchzehen, zerdrückt

450 g Hähnchenflügel

250 ml / 8 fl oz / 1 Tasse Hühnerbrühe

30 ml / 2 Esslöffel Sojasauce

5 ml / 1 Teelöffel Zucker

5 ml/1 Teelöffel Fünf-Gewürze-Pulver

Öl und Knoblauch erhitzen, bis der Knoblauch leicht goldbraun ist. Das Hähnchen dazugeben und anbraten, bis es leicht gebräunt ist. Die restlichen Zutaten hinzufügen, gut umrühren und zum Kochen bringen. Abdecken und etwa 15 Minuten köcheln lassen, bis das Hähnchen gar ist. Den Deckel abnehmen und unter gelegentlichem Rühren weiter köcheln lassen, bis fast die gesamte Flüssigkeit verdampft ist. Heiß oder kalt servieren.

Marinierte Hähnchenflügel

Für 4 Personen

45 ml / 3 Esslöffel Sojasauce
45 ml / 3 Esslöffel Reiswein oder trockener Sherry
30 ml / 2 Esslöffel brauner Zucker
5 ml / 1 Teelöffel geriebene Ingwerwurzel
2 Knoblauchzehen, zerdrückt
6 Frühlingszwiebeln (Frühlingszwiebeln), in Scheiben geschnitten
450 g Hähnchenflügel
30 ml / 2 Esslöffel Erdnussöl
225 g Bambussprossen, in Scheiben geschnitten
20 ml / 4 Teelöffel Speisestärke (Maisstärke)
175 ml / 6 fl oz / ¾ Tasse Hühnerbrühe

Sojasauce, Wein oder Sherry, Zucker, Ingwer, Knoblauch und Frühlingszwiebeln vermischen. Fügen Sie die Hähnchenflügel hinzu und schwenken Sie sie, bis sie vollständig bedeckt sind. Abdecken und 1 Stunde ruhen lassen, dabei gelegentlich umrühren. Das Öl erhitzen und die Bambussprossen 2 Minuten braten. Nehmen Sie sie aus der Pfanne. Hähnchen und Zwiebeln abtropfen lassen und die Marinade auffangen. Das Öl erneut erhitzen und das Hähnchen von allen Seiten goldbraun braten.

Abdecken und weitere 20 Minuten kochen lassen, bis das Huhn zart ist. Die Maisstärke mit der Brühe und der beiseite gestellten Marinade verrühren. Über das Huhn gießen und unter Rühren zum Kochen bringen, bis die Sauce eindickt. Die Bambussprossen hinzufügen und unter Rühren weitere 2 Minuten köcheln lassen.

Echte Chicken Wings

Für 4 Personen

12 Hühnerflügel

250 ml / 8 fl oz / 1 Tasse Erdnussöl (Erdnussöl).

15 ml / 1 Esslöffel Kristallzucker

2 Frühlingszwiebeln (Frühlingszwiebeln), in Stücke geschnitten

5 Scheiben Ingwerwurzel

5 ml / 1 Teelöffel Salz

45 ml / 3 Esslöffel Sojasauce

250 ml / 8 fl oz / 1 Tasse Reiswein oder trockener Sherry

250 ml / 8 fl oz / 1 Tasse Hühnerbrühe

10 Scheiben Bambussprossen

15 ml / 1 Esslöffel Speisestärke (Maisstärke)

15 ml / 1 Esslöffel Wasser

2,5 ml / ½ Teelöffel Sesamöl

Die Hähnchenflügel 5 Minuten in kochendem Wasser blanchieren und anschließend gut abtropfen lassen. Das Öl erhitzen, den Zucker hinzufügen und rühren, bis er geschmolzen und goldbraun ist. Hähnchen, Frühlingszwiebeln, Ingwer, Salz,

Sojasauce, Wein und Brühe hinzufügen, aufkochen und 20 Minuten köcheln lassen. Die Bambussprossen dazugeben und 2 Minuten köcheln lassen, bis die Flüssigkeit fast vollständig verdampft ist. Die Speisestärke mit dem Wasser vermischen, in die Pfanne geben und rühren, bis die Masse eindickt. Hähnchenflügel auf einen warmen Servierteller geben und mit Sesamöl bestreut servieren.

Hähnchenflügel mit Gewürzen

Für 4 Personen

30 ml / 2 Esslöffel Erdnussöl

5 ml / 1 Teelöffel Salz

2 Knoblauchzehen, zerdrückt

900 g Hähnchenflügel

30 ml / 2 Esslöffel Reiswein oder trockener Sherry

30 ml / 2 Esslöffel Sojasauce

30 ml / 2 Esslöffel Tomatenpüree (Paste)

15 ml / 1 Esslöffel Worcestershire-Sauce

Öl, Salz und Knoblauch erhitzen und anbraten, bis der Knoblauch leicht goldbraun wird. Fügen Sie die Hähnchenflügel hinzu und braten Sie sie unter häufigem Rühren etwa 10 Minuten lang an, bis sie goldbraun und fast gar sind. Die restlichen Zutaten hinzufügen und etwa 5 Minuten anbraten, bis das Hähnchen knusprig und durchgegart ist.

gegrillte Hähnchenschenkel

Für 4 Personen

16 Hähnchenschenkel

30 ml / 2 Esslöffel Reiswein oder trockener Sherry

30 ml / 2 Esslöffel Weinessig

30 ml / 2 Esslöffel Olivenöl

Salz und frisch gemahlener Pfeffer

120 ml / 4 fl oz / ½ Tasse Orangensaft

30 ml / 2 Esslöffel Sojasauce

30 ml / 2 Esslöffel Honig

15 ml / 1 Esslöffel Zitronensaft

2 Scheiben Ingwerwurzel, gehackt

120 ml / 4 fl oz / ½ Tasse Chilisauce

Alle Zutaten bis auf die Chilisauce vermischen, abdecken und über Nacht im Kühlschrank marinieren lassen. Nehmen Sie das Hähnchen aus der Marinade und grillen oder grillen Sie es etwa 25 Minuten lang, wenden Sie es und begießen Sie es während des Kochens mit der Chilisauce.

Hoisin-Hähnchenschenkel

Für 4 Personen

8 Hähnchenschenkel
600 ml / 1 pt / 2½ Tassen Hühnerbrühe
Salz und frisch gemahlener Pfeffer
250 ml / 8 fl oz / 1 Tasse Hoisinsauce
30 ml / 2 Esslöffel einfaches Mehl (Allzweckmehl)
2 geschlagene Eier
100 g / 4 oz / 1 Tasse Semmelbrösel
Öl zum braten

Die Keulen und die Brühe in einen Topf geben, zum Kochen bringen, abdecken und 20 Minuten köcheln lassen, bis sie gar sind. Das Hähnchen aus der Pfanne nehmen und mit Küchenpapier trocken tupfen. Das Hähnchen in eine Schüssel geben und mit Salz und Pfeffer würzen. Die Hoisinsauce darübergießen und 1 Stunde marinieren lassen. Abfließen. Das Hähnchen im Mehl wenden, dann mit den Eiern und Semmelbröseln panieren, dann erneut mit Ei und Semmelbröseln. Das Öl erhitzen und das Hähnchen darin etwa 5 Minuten goldbraun braten. Auf Küchenpapier abtropfen lassen und heiß oder kalt servieren.

Geschmortes Hähnchen

Für 4 bis 6 Portionen

75 ml / 5 Esslöffel Erdnussöl (Erdnussöl).

1 Huhn

3 Frühlingszwiebeln (Frühlingszwiebeln), in Scheiben geschnitten

3 Scheiben Ingwerwurzel

120 ml / 4 fl oz / ½ Tasse Sojasauce

30 ml / 2 Esslöffel Reiswein oder trockener Sherry

5 ml / 1 Teelöffel Zucker

Das Öl erhitzen und das Hähnchen darin goldbraun braten. Frühlingszwiebeln, Ingwer, Sojasauce und Wein oder Sherry hinzufügen und zum Kochen bringen. Abdecken und 30 Minuten köcheln lassen, dabei gelegentlich wenden. Den Zucker hinzufügen und zugedeckt weitere 30 Minuten köcheln lassen, bis das Hähnchen gar ist.

Knusprig frittiertes Hühnchen

Für 4 Personen

1 Huhn

Salz

30 ml / 2 Esslöffel Reiswein oder trockener Sherry

3 Frühlingszwiebeln (Frühlingszwiebeln), gewürfelt

1 Scheibe Ingwerwurzel

30 ml / 2 Esslöffel Sojasauce

30 ml / 2 Esslöffel Zucker

5 ml / 1 Teelöffel ganze Nelken

5 ml / 1 Teelöffel Salz

5 ml / 1 Teelöffel Pfefferkörner

150 ml / ¼ pt / großzügige ½ Tasse Hühnerbrühe

Öl zum braten

1 Salat, gerieben

4 Tomaten, in Scheiben geschnitten

½ Gurke, in Scheiben geschnitten

Das Hähnchen mit Salz einreiben und 3 Stunden ruhen lassen. Spülen und in eine Schüssel geben. Wein oder Sherry, Ingwer, Sojasauce, Zucker, Nelken, Salz, Pfefferkörner und Brühe hinzufügen und gut beträufeln. Die Schüssel in einen Dampfgarer stellen, abdecken und etwa 2 ¼ Stunden dämpfen, bis das

Hähnchen gar ist. Abfließen. Das Öl erhitzen, bis es raucht, dann das Hähnchen dazugeben und goldbraun braten. Weitere 5 Minuten braten, aus dem Öl nehmen und abtropfen lassen. In Stücke schneiden und auf einen warmen Servierteller legen. Mit Salat, Tomaten und Gurken garnieren und mit einem Pfeffer-Salz-Dressing servieren.

Ganzes gebratenes Huhn

Für 5 Portionen

1 Huhn

10 ml / 2 Teelöffel Salz

15 ml / 1 Esslöffel Reiswein oder trockener Sherry

2 Frühlingszwiebeln (Frühlingszwiebeln), halbiert

3 Scheiben Ingwerwurzel, in Streifen schneiden

Öl zum braten

Tupfen Sie das Huhn trocken und reiben Sie die Haut mit Salz und Wein oder Sherry ein. Geben Sie die Frühlingszwiebeln und den Ingwer in die Mulde. Hängen Sie das Huhn zum Trocknen etwa 3 Stunden lang an einen kühlen Ort. Das Öl erhitzen und das Hähnchen in einen Frittierkorb legen. Vorsichtig in das Öl eintauchen und kontinuierlich innen und außen begießen, bis das Hähnchen leicht gefärbt ist. Aus dem Öl nehmen und etwas abkühlen lassen, während das Öl erneut erhitzt wird. Nochmals goldbraun braten. Gut abtropfen lassen und dann in Stücke schneiden.

Hähnchen mit fünf Gewürzen

Für 4 bis 6 Portionen

1 Huhn

120 ml / 4 fl oz / ½ Tasse Sojasauce

2,5 cm Ingwerwurzel, gehackt

1 zerdrückte Knoblauchzehe

15 ml/1 Esslöffel Fünf-Gewürze-Pulver

30 ml / 2 Esslöffel Reiswein oder trockener Sherry

30 ml / 2 Esslöffel Honig

2,5 ml / ½ Teelöffel Sesamöl

Öl zum braten

30 ml / 2 Esslöffel Salz

5 ml / 1 Teelöffel frisch gemahlener Pfeffer

Legen Sie das Hähnchen in einen großen Topf und füllen Sie ihn bis zur Mitte des Oberschenkels mit Wasser. Reservieren Sie 15 ml/1 EL Sojasauce und geben Sie den Rest mit Ingwer, Knoblauch und der Hälfte des Fünf-Gewürze-Pulvers in die Pfanne. Zum Kochen bringen, abdecken und 5 Minuten köcheln lassen. Schalten Sie den Herd aus und lassen Sie das Huhn im Wasser ruhen, bis das Wasser lauwarm ist. Abfließen.

Das Hähnchen der Länge nach halbieren und mit der Schnittfläche nach unten in einen Bräter legen. Die restliche

Sojasauce und das Fünf-Gewürze-Pulver mit Wein oder Sherry, Honig und Sesamöl vermischen. Reiben Sie das Huhn mit der Mischung ein und lassen Sie es zwei Stunden lang ruhen, wobei Sie es gelegentlich mit der Mischung begießen. Erhitzen Sie das Öl und braten Sie die Hähnchenhälften etwa 15 Minuten lang, bis sie goldbraun und gar sind. Auf Küchenpapier abtropfen lassen und in Portionen schneiden.

In der Zwischenzeit Salz und Pfeffer mischen und in einer trockenen Bratpfanne etwa 2 Minuten erhitzen. Als Soße zu Hühnchen servieren.

Huhn mit Ingwer und Schnittlauch

Für 4 Personen

1 Huhn

2 Scheiben Ingwerwurzel, in Streifen schneiden

Salz und frisch gemahlener Pfeffer

90 ml / 4 Esslöffel Erdnussöl

8 Frühlingszwiebeln (Frühlingszwiebeln), fein gehackt

10 ml / 2 Teelöffel Weißweinessig

5 ml / 1 Teelöffel Sojasauce

Geben Sie das Hähnchen in einen großen Topf, geben Sie die Hälfte des Ingwers hinzu und gießen Sie so viel Wasser hinein, dass das Hähnchen fast bedeckt ist. Mit Salz und Pfeffer würzen. Zum Kochen bringen, abdecken und etwa 1¼ Stunden köcheln lassen, bis es weich ist. Lassen Sie das Huhn in der Brühe ruhen, bis es abgekühlt ist. Das Hähnchen abgießen und kühl stellen, bis es kalt ist. In Portionen schneiden.

Den restlichen Ingwer reiben und mit Öl, Frühlingszwiebeln, Weinessig und Sojasauce sowie Salz und Pfeffer vermischen. 1 Stunde kühl stellen. Die Hähnchenstücke in eine Servierschüssel geben und mit dem Ingwer-Dressing übergießen. Mit gedünstetem Reis servieren.

Pochiertes Hähnchen

Für 4 Personen

1 Huhn
1,2 l / 2 Pt. / 5 Tassen Hühnerbrühe oder Wasser
30 ml / 2 Esslöffel Reiswein oder trockener Sherry
4 Frühlingszwiebeln (Frühlingszwiebeln), gehackt
1 Scheibe Ingwerwurzel
5 ml / 1 Teelöffel Salz

Das Hähnchen mit allen restlichen Zutaten in einen großen Topf geben. Die Brühe bzw. das Wasser sollte bis zur Mitte des Oberschenkels reichen. Zum Kochen bringen, abdecken und etwa 1 Stunde köcheln lassen, bis das Hähnchen gar ist. Abgießen und die Brühe für Suppen auffangen.

Rotes gekochtes Huhn

Für 4 Personen

1 Huhn

250 ml / 8 fl oz / 1 Tasse Sojasauce

Legen Sie das Huhn in eine Pfanne, gießen Sie die Sojasauce darüber und füllen Sie es fast so weit mit Wasser, dass das Huhn bedeckt ist. Zum Kochen bringen, abdecken und etwa 1 Stunde köcheln lassen, bis das Hähnchen gar ist, dabei gelegentlich wenden.

Hähnchen mit Gewürzen in Rot gegart

Für 4 Personen

2 Scheiben Ingwerwurzel

2 Schnittlauch (Frühlingszwiebeln)

1 Huhn

3 Zehen Sternanis

½ Zimtstange

15 ml / 1 Esslöffel Sichuan-Pfefferkörner

75 ml / 5 Esslöffel Sojasauce

75 ml / 5 Esslöffel Reiswein oder trockener Sherry

75 ml / 5 Esslöffel Sesamöl

15 ml / 1 Esslöffel Zucker

Geben Sie den Ingwer und die Frühlingszwiebeln in die Hähnchenhöhle und legen Sie das Hähnchen in eine Pfanne. Sternanis, Zimt und Pfefferkörner in ein Stück Musselin binden und in die Pfanne geben. Sojasauce, Wein oder Sherry und Sesamöl darübergießen. Zum Kochen bringen, abdecken und etwa 45 Minuten köcheln lassen. Zucker hinzufügen, abdecken und weitere 10 Minuten köcheln lassen, bis das Hähnchen gar ist.

Gebratenes Hähnchen mit Sesam

Für 4 Personen

50 g Sesamsamen

1 Zwiebel fein gehackt

2 Knoblauchzehen, gehackt

10 ml / 2 Teelöffel Salz

1 getrocknete rote Chili, zerdrückt

eine Prise gemahlene Nelken

2,5 ml / ½ Teelöffel gemahlener Kardamom

2,5 ml / ½ Teelöffel gemahlener Ingwer

75 ml / 5 Esslöffel Erdnussöl (Erdnussöl).

1 Huhn

Alle Gewürze und Öl vermischen und das Hähnchen damit bestreichen. In eine Bratform geben und 30 ml/2 EL Wasser in die Form geben. Im vorgeheizten Backofen bei 180 °C/350 °F/Gas Stufe 4 etwa 2 Stunden braten, dabei das Hähnchen gelegentlich begießen und wenden, bis es goldbraun und durchgegart ist. Bei Bedarf noch etwas Wasser hinzufügen, um ein Anbrennen zu vermeiden.

Huhn in Sojasauce

Für 4 bis 6 Portionen

300 ml / ½ pt / 1¼ Tassen Sojasauce

300 ml / ½ pt / 1¼ Tassen Reiswein oder trockener Sherry

1 gehackte Zwiebel

3 Scheiben Ingwerwurzel, gehackt

50 g / 2 oz / ¼ Tasse Zucker

1 Huhn

15 ml / 1 Esslöffel Speisestärke (Maisstärke)

60 ml / 4 Esslöffel Wasser

1 Gurke, geschält und in Scheiben geschnitten

30 ml / 2 Esslöffel gehackte frische Petersilie

Sojasauce, Wein oder Sherry, Zwiebel, Ingwer und Zucker in einem Topf vermischen und zum Kochen bringen. Das Hähnchen dazugeben, erneut aufkochen lassen, abdecken und 1 Stunde köcheln lassen, dabei das Hähnchen gelegentlich wenden, bis es gar ist. Das Hähnchen auf einen warmen Servierteller geben und tranchieren. Gießen Sie alles bis auf 250 ml / 8 fl oz / 1 Tasse der Kochflüssigkeit hinzu und lassen Sie es erneut aufkochen. Maisstärke und Wasser zu einer Paste vermischen, in die Pfanne rühren und bei schwacher Hitze unter Rühren kochen, bis die Soße klar wird und eindickt. Etwas Soße über das Hähnchen verteilen und das Hähnchen mit Gurke und Petersilie garnieren. Restliche Soße separat servieren.

gedämpftes Hähnchen

Für 4 Personen

1 Huhn

45 ml / 3 Esslöffel Reiswein oder trockener Sherry

Salz

2 Scheiben Ingwerwurzel

2 Schnittlauch (Frühlingszwiebeln)

250 ml / 8 fl oz / 1 Tasse Hühnerbrühe

Legen Sie das Hähnchen in eine hitzebeständige Schüssel, reiben Sie es mit Wein oder Sherry und Salz ein und geben Sie Ingwer und Schnittlauch in die Mulde. Stellen Sie die Schüssel auf ein Gestell in einen Dampfgarer, decken Sie sie ab und dämpfen Sie sie etwa eine Stunde lang über kochendem Wasser, bis sie gar sind. Heiß oder kalt servieren.

Gedämpftes Hähnchen mit Anis

Für 4 Personen
250 ml / 8 fl oz / 1 Tasse Sojasauce
250 ml / 8 fl oz / 1 Tasse Wasser
15 ml / 1 Esslöffel brauner Zucker
4 Zehen Sternanis
1 Huhn

Sojasauce, Wasser, Zucker und Anis in einem Topf vermischen und bei schwacher Hitze zum Kochen bringen. Das Hähnchen in eine Schüssel geben und die Mischung innen und außen gut bestreuen. Erhitzen Sie die Mischung erneut und wiederholen Sie den Vorgang. Legen Sie das Hähnchen in eine hitzebeständige Schüssel. Stellen Sie die Schüssel auf ein Gestell in einen Dampfgarer, decken Sie sie ab und dämpfen Sie sie etwa eine Stunde lang über kochendem Wasser, bis sie gar sind.

Seltsam schmeckendes Hühnchen

Für 4 Personen

1 Huhn

5 ml/1 Teelöffel gehackte Ingwerwurzel

5 ml / 1 Teelöffel gehackter Knoblauch

45 ml / 3 Esslöffel dicke Sojasauce

5 ml / 1 Teelöffel Zucker

2,5 ml / ½ Teelöffel Weinessig

10 ml / 2 Teelöffel Sesamsauce

5 ml / 1 Teelöffel frisch gemahlener Pfeffer

10 ml / 2 Teelöffel Chiliöl

½ Salat, gerieben

15 ml / 1 Esslöffel gehackter frischer Koriander

Legen Sie das Hähnchen in eine Pfanne und füllen Sie es mit Wasser, bis es bis zur Hälfte der Hähnchenschenkel reicht. Zum Kochen bringen, abdecken und etwa 1 Stunde köcheln lassen, bis das Hähnchen weich ist. Aus der Pfanne nehmen, gut abtropfen lassen und in Eiswasser einweichen, bis das Fleisch vollständig abgekühlt ist. Gut abtropfen lassen und in 5 cm große Stücke schneiden. Alle restlichen Zutaten mischen und über das Huhn gießen. Mit Salat und Koriander garniert servieren.

Knusprige Hähnchenstücke

Für 4 Personen

100 g/4 Unzen einfaches Mehl (Allzweck)

Prise Salz

15 ml / 1 Esslöffel Wasser

1 Ei

350 g gekochtes Hähnchen, gewürfelt

Öl zum braten

Mehl, Salz, Wasser und Ei verrühren, bis ein ziemlich fester Teig entsteht, bei Bedarf noch etwas Wasser hinzufügen. Tauchen Sie die Hähnchenstücke in den Teig, bis sie gut bedeckt sind.
Erhitzen Sie das Öl sehr heiß und braten Sie das Hähnchen einige Minuten lang, bis es knusprig und goldbraun ist.

Huhn mit grünen Bohnen

Für 4 Personen

45 ml / 3 Esslöffel Erdnussöl (Erdnussöl).
450 g/1 Pfund gekochtes Hähnchen, zerkleinert
5 ml / 1 Teelöffel Salz
2,5 ml / ½ Teelöffel frisch gemahlener Pfeffer
225 g grüne Bohnen, in Stücke geschnitten
1 Stange Sellerie, schräg geschnitten
225 g Pilze, in Scheiben geschnitten
250 ml / 8 fl oz / 1 Tasse Hühnerbrühe
30 ml / 2 Esslöffel Maismehl (Maisstärke)
60 ml / 4 Esslöffel Wasser
10 ml / 2 Teelöffel Sojasauce

Das Öl erhitzen und das Hähnchen darin anbraten, mit Salz und Pfeffer würzen, bis es leicht braun wird. Bohnen, Sellerie und Pilze dazugeben und gut vermischen. Brühe hinzufügen, zum Kochen bringen, abdecken und 15 Minuten köcheln lassen. Maisstärke, Wasser und Sojasauce zu einer Paste vermischen, in die Pfanne rühren und bei schwacher Hitze unter Rühren kochen, bis die Sauce klar wird und eindickt.

Gekochtes Hähnchen mit Ananas

Für 4 Personen

45 ml / 3 Esslöffel Erdnussöl (Erdnussöl).

225 g gekochtes Hähnchen, gewürfelt

Salz und frisch gemahlener Pfeffer

2 Stangen Sellerie, schräg geschnitten

3 Scheiben Ananas, in Stücke geschnitten

120 ml / 4 fl oz / ½ Tasse Hühnerbrühe

15 ml / 1 Esslöffel Sojasauce

10 ml / 2 Esslöffel Maismehl (Maisstärke)

30 ml / 2 Esslöffel Wasser

Das Öl erhitzen und das Hähnchen darin leicht goldbraun braten. Mit Salz und Pfeffer würzen, den Sellerie hinzufügen und 2 Minuten braten. Ananas, Brühe und Sojasauce hinzufügen und einige Minuten rühren, bis alles durchgeheizt ist. Maisstärke und Wasser zu einer Paste vermischen, in die Pfanne rühren und bei schwacher Hitze unter Rühren kochen, bis die Soße klar wird und eindickt.

Hähnchen mit Paprika und Tomaten

Für 4 Personen

45 ml / 3 Esslöffel Erdnussöl (Erdnussöl).
450 g/1 Pfund gekochtes Hähnchen, in Scheiben geschnitten
10 ml / 2 Teelöffel Salz
5 ml / 1 Teelöffel frisch gemahlener Pfeffer
1 grüne Paprika in Stücke schneiden
4 große Tomaten, gehäutet und in Spalten geschnitten
250 ml / 8 fl oz / 1 Tasse Hühnerbrühe
30 ml / 2 Esslöffel Maismehl (Maisstärke)
15 ml / 1 Esslöffel Sojasauce
120 ml / 4 fl oz / ½ Tasse Wasser

Das Öl erhitzen und das Hähnchen darin anbraten, mit Salz und Pfeffer goldbraun würzen. Paprika und Tomaten hinzufügen. Mit der Brühe aufgießen, aufkochen und zugedeckt 15 Minuten köcheln lassen. Maisstärke, Sojasauce und Wasser zu einer Paste vermischen, in die Pfanne rühren und bei schwacher Hitze unter Rühren kochen, bis die Sauce klar wird und eindickt.

Sesame Chicken

Für 4 Personen

450 g/1 Pfund gekochtes Hähnchen, in Streifen geschnitten
2 Scheiben fein gehackter Ingwer
1 Frühlingszwiebel (Frühlingszwiebel), fein gehackt
Salz und frisch gemahlener Pfeffer
60 ml / 4 Esslöffel Reiswein oder trockener Sherry
60 ml / 4 Esslöffel Sesamöl
10 ml / 2 Teelöffel Zucker
5 ml / 1 Teelöffel Weinessig
150 ml / ¼ pt / großzügige ½ Tasse Sojasauce

Legen Sie das Hähnchen auf einen Servierteller und bestreuen Sie es mit Ingwer, Frühlingszwiebeln, Salz und Pfeffer. Wein oder Sherry, Sesamöl, Zucker, Weinessig und Sojasauce vermischen. Über das Huhn gießen.

frittierte Stubenküken

Für 4 Personen

2 Stubenküken, halbiert
45 ml / 3 Esslöffel Sojasauce
45 ml / 3 Esslöffel Reiswein oder trockener Sherry
120 ml / 4 fl oz / ½ Tasse Erdnussöl (Erdnussöl).
1 Frühlingszwiebel (Frühlingszwiebel), fein gehackt
30 ml / 2 Esslöffel Hühnerbrühe
10 ml / 2 Teelöffel Zucker
5 ml / 1 Teelöffel Chiliöl
5 ml / 1 Teelöffel Knoblauchpaste
Salz und Pfeffer

Die Stubenküken in eine Schüssel geben. Sojasauce und Wein oder Sherry vermischen, über die Stubenküken gießen, abdecken und 2 Stunden lang marinieren, dabei häufig begießen. Das Öl erhitzen und die Küken etwa 20 Minuten braten, bis sie gar sind. Nehmen Sie sie aus der Pfanne und erhitzen Sie das Öl erneut. Zurück in die Pfanne geben und goldbraun braten. Den größten Teil des Öls ablassen. Restliche Zutaten vermischen, in die Pfanne geben und schnell erhitzen. Vor dem Servieren über die Stubenküken gießen.

Truthahn mit Zuckererbsen

Für 4 Personen

60 ml / 4 Esslöffel Erdnussöl
2 Frühlingszwiebeln (Frühlingszwiebeln), gehackt
2 Knoblauchzehen, zerdrückt
1 Scheibe Ingwerwurzel, gehackt
225 g Putenbrust, in Streifen geschnitten
225 g Zuckerschoten
100 g Bambussprossen, in Streifen geschnitten
50 g Wasserkastanien, in Streifen geschnitten
45 ml / 3 Esslöffel Sojasauce
15 ml / 1 Esslöffel Reiswein oder trockener Sherry
5 ml / 1 Teelöffel Zucker
5 ml / 1 Teelöffel Salz
15 ml / 1 Esslöffel Speisestärke (Maisstärke)

45 ml/3 EL Öl erhitzen und Frühlingszwiebeln, Knoblauch und Ingwer anbraten, bis sie leicht goldbraun sind. Den Truthahn dazugeben und 5 Minuten anbraten. Aus der Pfanne nehmen und beiseite stellen. Das restliche Öl erhitzen und die Zuckerschoten, Bambussprossen und Wasserkastanien 3 Minuten braten. Sojasauce, Wein oder Sherry, Zucker und Salz hinzufügen und den Truthahn wieder in die Pfanne geben. 1 Minute anbraten. Die

Speisestärke mit etwas Wasser vermischen, in die Pfanne rühren und bei schwacher Hitze unter Rühren kochen, bis die Soße klar wird und eindickt.

Truthahn mit Paprika

Für 4 Personen

4 getrocknete chinesische Pilze
30 ml / 2 Esslöffel Erdnussöl
1 Pak Choi, in Streifen geschnitten
350 g geräucherter Truthahn, in Streifen geschnitten
1 Zwiebel in Scheiben geschnitten
1 rote Paprika in Streifen schneiden
1 grüne Paprika in Streifen schneiden
120 ml / 4 fl oz / ½ Tasse Hühnerbrühe
30 ml / 2 Esslöffel Tomatenpüree (Paste)
45 ml / 3 Esslöffel Weinessig
30 ml / 2 Esslöffel Sojasauce
15 ml / 1 Esslöffel Hoisinsauce
10 ml / 2 Teelöffel Speisestärke (Maisstärke)
ein paar Tropfen Chiliöl

Die Pilze 30 Minuten in warmem Wasser einweichen und dann abtropfen lassen. Die Stiele entfernen und die Spitzen in Streifen schneiden. Die Hälfte des Öls erhitzen und den Kohl etwa 5 Minuten lang braten, bis er gar ist. Aus der Pfanne nehmen. Den Truthahn dazugeben und 1 Minute anbraten. Das Gemüse dazugeben und 3 Minuten anbraten. Die Brühe mit

Tomatenpüree, Weinessig und Soßen vermischen und zum Kohl in die Pfanne geben. Speisestärke mit etwas Wasser verrühren, in den Topf einrühren und unter Rühren zum Kochen bringen. Mit Chiliöl beträufeln und bei schwacher Hitze 2 Minuten unter ständigem Rühren kochen.

Chinesischer Truthahnbraten

Für 8 bis 10 Personen

1 kleiner Truthahn
600 ml / 1 pt / 2½ Tassen heißes Wasser
10 ml / 2 Teelöffel Piment
500 ml / 16 fl oz / 2 Tassen Sojasauce
5 ml / 1 Teelöffel Sesamöl
10 ml / 2 Teelöffel Salz
45 ml / 3 Esslöffel Butter

Den Truthahn in eine Pfanne geben und mit heißem Wasser übergießen. Die restlichen Zutaten außer der Butter dazugeben und 1 Stunde ruhen lassen, dabei mehrmals wenden. Truthahn aus der Flüssigkeit nehmen und mit Butter bestreichen. In einen Bräter geben, locker mit Küchenpapier abdecken und im vorgeheizten Backofen bei 160 °C/325 °F/Gas Stufe 3 etwa 4 Stunden rösten, dabei gelegentlich mit der Sojasaucenflüssigkeit begießen. Entfernen Sie die Folie und lassen Sie die Haut in den letzten 30 Minuten des Garvorgangs knusprig werden.

Truthahn mit Walnüssen und Pilzen

Für 4 Personen

450 g Putenbrustfilet

Salz und Pfeffer

Saft von 1 Orange

15 ml / 1 Esslöffel einfaches Mehl (Allzweck)

12 schwarze Walnüsse, eingelegt mit Saft

5 ml / 1 Teelöffel Speisestärke (Maisstärke)

15 ml / 1 Esslöffel Erdnussöl

2 Frühlingszwiebeln (Frühlingszwiebeln), gewürfelt

225 g Pilze

45 ml / 3 Esslöffel Reiswein oder trockener Sherry

10 ml / 2 Teelöffel Sojasauce

50 g / 2 oz / ½ Tasse Butter

25 g Pinienkerne

Schneiden Sie den Truthahn in 1 cm/½ dicke Scheiben. Mit Salz, Pfeffer und Orangensaft bestreuen und mit Mehl bestäuben. Die Walnüsse abtropfen lassen, halbieren, dabei die Flüssigkeit auffangen und die Flüssigkeit mit der Maisstärke vermischen. Das Öl erhitzen und den Truthahn goldbraun braten. Frühlingszwiebeln und Pilze dazugeben und 2 Minuten anbraten. Wein oder Sherry und Sojasauce hinzufügen und 30 Sekunden köcheln lassen. Die Walnüsse zur Speisestärkemischung geben, dann in die Pfanne rühren und zum Kochen bringen. Geben Sie die Butter in kleinen Flöckchen hinzu, aber lassen Sie die Mischung nicht kochen. Die Pinienkerne in einer trockenen Pfanne goldbraun rösten. Die Putenmischung auf einen warmen Servierteller geben und mit Pinienkernen garniert servieren.

Ente mit Bambussprossen

Für 4 Personen
6 getrocknete chinesische Pilze
1 Ente
50 g geräucherter Schinken, in Streifen geschnitten
100 g Bambussprossen, in Streifen geschnitten
2 Frühlingszwiebeln (Frühlingszwiebeln), in Streifen schneiden
2 Scheiben Ingwerwurzel, in Streifen schneiden
5 ml / 1 Teelöffel Salz

Die Pilze 30 Minuten in warmem Wasser einweichen und dann abtropfen lassen. Die Stiele entfernen und die Spitzen in Streifen schneiden. Alle Zutaten in eine hitzebeständige Schüssel geben und in einen mit Wasser gefüllten Topf geben, bis sie zu zwei Dritteln in der Schüssel stehen. Zum Kochen bringen, abdecken und etwa 2 Stunden köcheln lassen, bis die Ente gar ist, bei Bedarf mit kochendem Wasser auffüllen.

Ente mit Sojasprossen

Für 4 Personen

225 g Sojasprossen
45 ml / 3 Esslöffel Erdnussöl (Erdnussöl).
450 g/1 Pfund gekochtes Entenfleisch
15 ml / 1 Esslöffel Austernsauce
15 ml / 1 Esslöffel Reiswein oder trockener Sherry
30 ml / 2 Esslöffel Wasser
2,5 ml / ½ Teelöffel Salz

Die Sojasprossen in kochendem Wasser 2 Minuten blanchieren und dann abtropfen lassen. Öl erhitzen, Sojasprossen 30 Sekunden braten. Ente dazugeben und anbraten, bis alles durchgewärmt ist. Die restlichen Zutaten hinzufügen und 2 Minuten anbraten, um die Aromen zu vermischen. Sofort servieren.

Geschmorte Ente

Für 4 Personen

4 Frühlingszwiebeln (Frühlingszwiebeln), gehackt
1 Scheibe Ingwerwurzel, gehackt
120 ml / 4 fl oz / ½ Tasse Sojasauce
30 ml / 2 Esslöffel Reiswein oder trockener Sherry
1 Ente
120 ml / 4 fl oz / ½ Tasse Erdnussöl (Erdnussöl).
600 ml / 1 pt / 2½ Tassen Wasser
15 ml / 1 Esslöffel brauner Zucker

Mischen Sie Frühlingszwiebeln, Ingwer, Sojasauce und Wein oder Sherry und reiben Sie die Ente innen und außen damit ein. Das Öl erhitzen und die Ente anbraten, bis sie von allen Seiten leicht gebräunt ist. Lassen Sie das Öl ab. Wasser und die restliche Sojasaucenmischung hinzufügen, zum Kochen bringen, abdecken und 1 Stunde köcheln lassen. Den Zucker hinzufügen und zugedeckt weitere 40 Minuten köcheln lassen, bis die Ente weich ist.

Gedämpfte Ente mit Sellerie

Für 4 Personen

350 g gekochte Ente, in Scheiben geschnitten

1 Kopf Sellerie

250 ml / 8 fl oz / 1 Tasse Hühnerbrühe

2,5 ml / ½ Teelöffel Salz

5 ml / 1 Teelöffel Sesamöl

1 Tomate, in Spalten geschnitten

Legen Sie die Ente auf einen Dampfgarer. Den Sellerie in 7,5 cm lange Stücke schneiden und in eine Bratpfanne geben. Mit der Brühe aufgießen, mit Salz würzen und den Dampfgarer über die Pfanne stellen. Die Brühe zum Kochen bringen und dann etwa 15 Minuten köcheln lassen, bis der Sellerie weich und die Ente durchgewärmt ist. Die Ente und den Sellerie auf einen vorgewärmten Teller legen, den Sellerie mit Sesamöl beträufeln und mit Tomatenspalten garniert servieren.

Ente mit Ingwer

Für 4 Personen

350 g Entenbrust, in dünne Scheiben geschnitten
1 Ei, leicht geschlagen
5 ml / 1 Teelöffel Sojasauce
5 ml / 1 Teelöffel Speisestärke (Maisstärke)
5 ml / 1 Teelöffel Erdnussöl
Öl zum braten
50 g Bambussprossen
50 g Zuckerschoten
2 Scheiben Ingwerwurzel, gehackt
15 ml / 1 Esslöffel Wasser
2,5 ml / ½ Teelöffel Zucker
2,5 ml / ½ Teelöffel Reiswein oder trockener Sherry
2,5 ml / ½ Teelöffel Sesamöl

Die Ente mit Ei, Sojasauce, Speisestärke und Öl vermischen und 10 Minuten ruhen lassen. Erhitzen Sie das Öl und braten Sie die Ente und die Bambussprossen an, bis sie gar und goldbraun sind. Aus der Pfanne nehmen und gut abtropfen lassen. Gießen Sie alles bis auf 15 ml/1 EL Öl aus der Pfanne und braten Sie die Ente, Bambussprossen, Zuckerschoten, Ingwer, Wasser, Zucker und Wein oder Sherry 2 Minuten lang an. Mit Sesamöl bestreut servieren.

Ente mit grünen Bohnen

Für 4 Personen

1 Ente

60 ml / 4 Esslöffel Erdnussöl

2 Knoblauchzehen, zerdrückt

2,5 ml / ½ Teelöffel Salz

1 gehackte Zwiebel

15 ml / 1 Esslöffel geriebene Ingwerwurzel

45 ml / 3 Esslöffel Sojasauce

120 ml / 4 fl oz / ½ Tasse Reiswein oder trockener Sherry

60 ml / 4 Esslöffel Tomatensauce (Ketchup)

45 ml / 3 Esslöffel Weinessig

300 ml / ½ pt / 1¼ Tassen Hühnerbrühe

450 g grüne Bohnen, in Scheiben geschnitten

Prise frisch gemahlener Pfeffer

5 Tropfen Chiliöl

15 ml / 1 Esslöffel Speisestärke (Maisstärke)

30 ml / 2 Esslöffel Wasser

Die Ente in 8 oder 10 Stücke schneiden. Das Öl erhitzen und die Ente goldbraun braten. In eine Schüssel geben. Knoblauch, Salz, Zwiebel, Ingwer, Sojasauce, Wein oder Sherry, Tomatensauce und Weinessig hinzufügen. Mischen, abdecken und 3 Stunden im Kühlschrank marinieren.

Das Öl erneut erhitzen, die Ente, die Brühe und die Marinade hinzufügen, zum Kochen bringen und zugedeckt 1 Stunde köcheln lassen. Die Bohnen hinzufügen, abdecken und 15 Minuten köcheln lassen. Pfeffer und Chiliöl hinzufügen. Die Speisestärke mit dem Wasser vermischen, in die Pfanne rühren und bei schwacher Hitze unter Rühren kochen, bis die Soße eindickt.

Gebratene gedämpfte Ente

Für 4 Personen

1 Ente

Salz und frisch gemahlener Pfeffer

Öl zum braten

Hoisin Soße

Die Ente mit Salz und Pfeffer würzen und in eine hitzebeständige Schüssel geben. In einen mit Wasser gefüllten Topf geben, bis der Behälter zu zwei Dritteln gefüllt ist, zum Kochen bringen, abdecken und etwa anderthalb Stunden köcheln lassen, bis die Ente weich ist. Abgießen und abkühlen lassen.

Das Öl erhitzen und die Ente knusprig und goldbraun braten. Herausnehmen und gut abtropfen lassen. In kleine Stücke schneiden und mit Hoisinsauce servieren.

Ente mit exotischen Früchten

Für 4 Personen

4 Entenbrustfilets, in Streifen geschnitten

2,5 ml / ½ Teelöffel Fünf-Gewürze-Pulver

30 ml / 2 Esslöffel Sojasauce

15 ml / 1 Esslöffel Sesamöl

15 ml / 1 Esslöffel Erdnussöl

3 Stangen Sellerie, gewürfelt

2 Ananasscheiben, gewürfelt

100 g Cantaloupe-Melone, gewürfelt

100 g Litschis, halbiert

130 ml / 4 fl oz / ½ Tasse Hühnerbrühe

30 ml / 2 Esslöffel Tomatenpüree (Paste)

30 ml / 2 Esslöffel Hoisinsauce

10 ml / 2 Teelöffel Weinessig

Prise brauner Zucker

Die Ente in eine Schüssel geben. Fünf-Gewürze-Pulver, Sojasauce und Sesamöl vermischen, über die Ente gießen und 2 Stunden marinieren, dabei gelegentlich umrühren. Das Öl erhitzen und die Ente 8 Minuten braten. Aus der Pfanne nehmen. Sellerie und Früchte dazugeben und 5 Minuten anbraten. Die Ente mit den restlichen Zutaten wieder in die Pfanne geben, zum

Kochen bringen und vor dem Servieren unter Rühren 2 Minuten köcheln lassen.

Geschmorte Ente mit chinesischen Blättern

Für 4 Personen

1 Ente

30 ml / 2 Esslöffel Reiswein oder trockener Sherry

30 ml / 2 Esslöffel Hoisinsauce

15 ml / 1 Esslöffel Speisestärke (Maisstärke)

5 ml / 1 Teelöffel Salz

5 ml / 1 Teelöffel Zucker

60 ml / 4 Esslöffel Erdnussöl

4 Frühlingszwiebeln (Frühlingszwiebeln), gehackt

2 Knoblauchzehen, zerdrückt

1 Scheibe Ingwerwurzel, gehackt

75 ml / 5 Esslöffel Sojasauce

600 ml / 1 pt / 2½ Tassen Wasser

225 g chinesische Blätter, gerieben

Die Ente in etwa 6 Stücke schneiden. Wein oder Sherry, Hoisinsauce, Maisstärke, Salz und Zucker vermischen und über die Ente reiben. 1 Stunde ruhen lassen. Das Öl erhitzen und die Frühlingszwiebeln, den Knoblauch und den Ingwer einige Sekunden anbraten. Die Ente dazugeben und anbraten, bis sie von allen Seiten leicht gebräunt ist. Überschüssiges Fett abtropfen lassen. Sojasauce und Wasser angießen, zum Kochen bringen und zugedeckt etwa 30 Minuten köcheln lassen. Die Chinablätter dazugeben, erneut abdecken und weitere 30 Minuten köcheln lassen, bis die Ente weich ist.

betrunkene Ente

Für 4 Personen

2 Frühlingszwiebeln (Frühlingszwiebeln), gehackt
2 Knoblauchzehen, gehackt
1,5 l / 2½ pts / 6 Tassen Wasser
1 Ente
450 ml / ¾ pt / 2 Tassen Reiswein oder trockener Sherry

Frühlingszwiebeln, Knoblauch und Wasser in einen großen Topf geben und zum Kochen bringen. Die Ente dazugeben, erneut aufkochen lassen, abdecken und 45 Minuten köcheln lassen. Gut abtropfen lassen und die Flüssigkeit für die Brühe auffangen. Lassen Sie die Ente abkühlen und stellen Sie sie dann über Nacht in den Kühlschrank. Die Ente in Stücke schneiden und in ein großes Schraubglas geben. Mit Wein oder Sherry übergießen und etwa eine Woche kalt stellen, dann abgießen und gekühlt servieren.

Fünf-Gewürze-Ente

Für 4 Personen

150 ml / ¼ pt / großzügige ½ Tasse Reiswein oder trockener Sherry

150 ml / ¼ pt / großzügige ½ Tasse Sojasauce

1 Ente

10 ml/2 Teelöffel Fünf-Gewürze-Pulver

Wein oder Sherry und Sojasauce zum Kochen bringen. Die Ente dazugeben und unter Wenden etwa 5 Minuten köcheln lassen. Die Ente aus der Pfanne nehmen und die Haut mit dem Fünf-Gewürze-Pulver einreiben. Legen Sie den Vogel wieder in die Pfanne und fügen Sie so viel Wasser hinzu, dass die Ente zur Hälfte bedeckt ist. Zum Kochen bringen, abdecken und etwa 1 1/2 Stunden köcheln lassen, bis die Ente weich ist, dabei häufig wenden und begießen. Die Ente in 5 cm große Stücke schneiden und heiß oder kalt servieren.

Sautierte Ente mit Ingwer

Für 4 Personen

1 Ente

2 Scheiben Ingwerwurzel, gerieben

2 Frühlingszwiebeln (Frühlingszwiebeln), gehackt

15 ml / 1 Esslöffel Speisestärke (Maisstärke)

30 ml / 2 Esslöffel Sojasauce

30 ml / 2 Esslöffel Reiswein oder trockener Sherry

2,5 ml / ½ Teelöffel Salz

45 ml / 3 Esslöffel Erdnussöl (Erdnussöl).

Das Fleisch von den Knochen lösen und in Stücke schneiden. Das Fleisch mit allen restlichen Zutaten außer dem Öl vermischen. 1 Stunde ruhen lassen. Das Öl erhitzen und die Ente in der Marinade etwa 15 Minuten braten, bis die Ente zart ist.

Ente mit Schinken und Lauch

Für 4 Personen

1 Ente

450 g geräucherter Schinken

2 Lauch

2 Scheiben Ingwerwurzel, gehackt

45 ml / 3 Esslöffel Reiswein oder trockener Sherry

45 ml / 3 Esslöffel Sojasauce

2,5 ml / ½ Teelöffel Salz

Legen Sie die Ente in eine Pfanne und bedecken Sie sie knapp mit kaltem Wasser. Zum Kochen bringen, abdecken und etwa 20 Minuten köcheln lassen. Abgießen und 450 ml / ¾ Punkte / 2 Tassen Brühe aufbewahren. Lassen Sie die Ente etwas abkühlen, schneiden Sie dann das Fleisch von den Knochen und schneiden Sie es in 5 cm große Quadrate. Den Schinken in gleich große Stücke schneiden. Schneiden Sie lange Lauchstücke ab, rollen Sie eine Enten- und Schinkenscheibe in das Blatt und binden Sie es mit einer Schnur zusammen. In einen hitzebeständigen Behälter geben. Ingwer, Wein oder Sherry, Sojasauce und Salz in die beiseite gestellte Brühe geben und über die Entenröllchen gießen. Stellen Sie die Schüssel in einen mit Wasser gefüllten Topf, bis dieser zu zwei Dritteln über den Schüsselrand reicht.

Zum Kochen bringen, abdecken und etwa 1 Stunde köcheln lassen, bis die Ente weich ist.

In Honig gebratene Ente

Für 4 Personen

1 Ente

Salz

3 Knoblauchzehen, zerdrückt

3 Frühlingszwiebeln (Frühlingszwiebeln), gehackt

45 ml / 3 Esslöffel Sojasauce

45 ml / 3 Esslöffel Reiswein oder trockener Sherry

45 ml / 3 Esslöffel Honig

200 ml / 7 fl oz / knapp 1 Tasse kochendes Wasser

Die Ente trocken tupfen und innen und außen mit Salz einreiben. Mischen Sie Knoblauch, Frühlingszwiebeln, Sojasauce und Wein oder Sherry und teilen Sie die Mischung dann in zwei Hälften. Den Honig halbieren, die Ente damit einreiben und trocknen lassen. Geben Sie das Wasser zur restlichen Honigmischung hinzu. Gießen Sie die Sojasaucenmischung in den Hohlraum der Ente und legen Sie sie auf einen Rost in einen Bräter mit etwas Wasser am Boden. Im vorgeheizten Backofen bei 180 °C/350 °F/Gas Stufe 4 etwa 2 Stunden braten, bis die Ente zart ist, dabei während des Garens mit der restlichen Honigmischung begießen.

Feucht gebratene Ente

Für 4 Personen

6 Frühlingszwiebeln (Frühlingszwiebeln), gehackt
2 Scheiben Ingwerwurzel, gehackt
1 Ente
2,5 ml / ½ Teelöffel gemahlener Anis
15 ml / 1 Esslöffel Zucker
45 ml / 3 Esslöffel Reiswein oder trockener Sherry
60 ml / 4 Esslöffel Sojasauce
250 ml / 8 fl oz / 1 Tasse Wasser

Geben Sie die Hälfte der Frühlingszwiebeln und des Ingwers in eine große Bratpfanne mit schwerem Boden. Den Rest in die Mulde der Ente geben und in die Pfanne geben. Alle restlichen Zutaten bis auf die Hoisinsauce hinzufügen, zum Kochen bringen, abdecken und etwa 1 1/2 Stunden köcheln lassen, dabei gelegentlich wenden. Die Ente aus der Pfanne nehmen und etwa 4 Stunden trocknen lassen.

Die Ente auf einem Rost in einen mit etwas kaltem Wasser gefüllten Bräter legen. Im vorgeheizten Backofen bei 230 °C/450 °F/Gas Stufe 8 15 Minuten rösten, dann umdrehen und weitere

10 Minuten knusprig rösten. In der Zwischenzeit die zurückbehaltene Flüssigkeit erneut erhitzen und zum Servieren über die Ente gießen.

Sautierte Ente mit Pilzen

Für 4 Personen

1 Ente

75 ml / 5 Esslöffel Erdnussöl (Erdnussöl).

45 ml / 3 Esslöffel Reiswein oder trockener Sherry

15 ml / 1 Esslöffel Sojasauce

15 ml / 1 Esslöffel Zucker

5 ml / 1 Teelöffel Salz

Prise Pfeffer

2 Knoblauchzehen, zerdrückt

225 g Champignons, halbiert

600 ml / 1 pt / 2½ Tassen Hühnerbrühe

15 ml / 1 Esslöffel Speisestärke (Maisstärke)

30 ml / 2 Esslöffel Wasser

5 ml / 1 Teelöffel Sesamöl

Die Ente in 5 cm große Stücke schneiden. 45 ml/3 EL Öl erhitzen und die Ente anbraten, bis sie von allen Seiten leicht gebräunt ist. Wein oder Sherry, Sojasauce, Zucker, Salz und Pfeffer hinzufügen und 4 Minuten anbraten. Aus der Pfanne nehmen. Das restliche Öl erhitzen und den Knoblauch anbraten, bis er leicht goldbraun ist. Fügen Sie die Pilze hinzu und rühren Sie, bis sie mit Öl bedeckt sind. Geben Sie dann die Entenmischung wieder in die Pfanne und fügen Sie die Brühe hinzu. Zum Kochen bringen, abdecken und etwa 1 Stunde köcheln lassen, bis die Ente weich ist. Maisstärke und Wasser zu einer Paste vermischen, dann in die Mischung einrühren und bei schwacher Hitze unter Rühren kochen, bis die Soße eindickt. Mit Sesamöl bestreuen und servieren.

Ente mit zwei Pilzen

Für 4 Personen

6 getrocknete chinesische Pilze
1 Ente
750 ml / 1¼ pts / 3 Tassen Hühnerbrühe
45 ml / 3 Esslöffel Reiswein oder trockener Sherry
5 ml / 1 Teelöffel Salz
100 g Bambussprossen, in Streifen geschnitten
100 g Pilze

Die Pilze 30 Minuten in warmem Wasser einweichen und dann abtropfen lassen. Die Stiele entfernen und die Spitzen halbieren. Legen Sie die Ente mit der Brühe, dem Wein oder Sherry und dem Salz in eine große hitzebeständige Schüssel und stellen Sie sie in einen mit Wasser gefüllten Topf, sodass sie zu zwei Dritteln über den Schüsselrand reicht. Zum Kochen bringen, abdecken und etwa 2 Stunden köcheln lassen, bis die Ente weich ist. Aus der Pfanne nehmen und das Fleisch vom Knochen schneiden. Kochflüssigkeit in einen separaten Topf umfüllen. Legen Sie die Bambussprossen und beide Pilzsorten auf den Boden des Dampfgarers, geben Sie das Entenfleisch zurück und dämpfen Sie es zugedeckt weitere 30 Minuten lang. Die

Kochflüssigkeit zum Kochen bringen und zum Servieren über die Ente gießen.

Geschmorte Ente mit Zwiebeln

Für 4 Personen

4 getrocknete chinesische Pilze
1 Ente
90 ml / 6 Esslöffel Sojasauce
60 ml / 4 Esslöffel Erdnussöl
1 Frühlingszwiebel (Frühlingszwiebel), gehackt
1 Scheibe Ingwerwurzel, gehackt
45 ml / 3 Esslöffel Reiswein oder trockener Sherry
450 g Zwiebeln, in Scheiben geschnitten
100 g Bambussprossen, in Scheiben geschnitten
15 ml / 1 Esslöffel brauner Zucker
15 ml / 1 Esslöffel Speisestärke (Maisstärke)
45 ml / 3 Esslöffel Wasser

Die Pilze 30 Minuten in warmem Wasser einweichen und dann abtropfen lassen. Die Stiele entfernen und die Spitzen abschneiden. Reiben Sie die Ente mit 15 ml/1 EL Sojasauce ein. 15 ml / 1 EL Öl aufbewahren, das restliche Öl erhitzen und die Frühlingszwiebeln und den Ingwer leicht goldbraun anbraten. Die Ente dazugeben und anbraten, bis sie von allen Seiten leicht gebräunt ist. Beseitigt überschüssiges Fett. Den Wein oder Sherry, die restliche Sojasauce und so viel Wasser in die Pfanne geben, dass die Ente fast bedeckt ist. Zum Kochen bringen, abdecken und 1 Stunde köcheln lassen, dabei gelegentlich wenden.

Erhitzen Sie das beiseite gestellte Öl und braten Sie die Zwiebeln an, bis sie weich sind. Vom Herd nehmen und die Bambussprossen und Pilze hinzufügen, dann zur Ente geben, abdecken und weitere 30 Minuten köcheln lassen, bis die Ente weich ist. Die Ente aus der Pfanne nehmen, in Stücke schneiden und auf einen warmen Servierteller legen. Die Flüssigkeit im Topf zum Kochen bringen, Zucker und Maisstärke hinzufügen und unter Rühren köcheln lassen, bis die Mischung kocht und eindickt. Zum Servieren über die Ente gießen.

Ente mit Orange

Für 4 Personen

1 Ente
3 Frühlingszwiebeln (Frühlingszwiebeln), in Stücke geschnitten
2 Scheiben Ingwerwurzel, in Streifen schneiden
1 Scheibe Orangenschale
Salz und frisch gemahlener Pfeffer

Die Ente in einen großen Topf geben, knapp mit Wasser bedecken und zum Kochen bringen. Frühlingszwiebeln, Ingwer und Orangenschale dazugeben, abdecken und etwa 1 1/2 Stunden köcheln lassen, bis die Ente weich ist. Mit Salz und Pfeffer würzen, abtropfen lassen und servieren.

Gebratene Ente mit Orange

Für 4 Personen

1 Ente
2 Knoblauchzehen, halbiert
45 ml / 3 Esslöffel Erdnussöl (Erdnussöl).
1 Zwiebel
1 Orange
120 ml / 4 fl oz / ½ Tasse Reiswein oder trockener Sherry
2 Scheiben Ingwerwurzel, gehackt
5 ml / 1 Teelöffel Salz

Reiben Sie die Ente innen und außen mit dem Knoblauch ein und bestreichen Sie sie anschließend mit Öl. Die geschälte Zwiebel mit einer Gabel einstechen, zusammen mit der ungeschälten Orange in den Hohlraum der Ente legen und mit einem Spieß verschließen. Legen Sie die Ente auf einen Rost über einem mit etwas heißem Wasser gefüllten Bräter und braten Sie sie im vorgeheizten Backofen bei 160 °C/325 °F/Gas Stufe 3 etwa 2 Stunden lang. Schütten Sie die Flüssigkeit weg und legen Sie die Ente wieder in den Bräter. Wein oder Sherry darübergießen und mit Ingwer und Salz bestreuen. Für weitere 30 Minuten in den Ofen zurückkehren. Zwiebeln und Orangen wegwerfen und die Ente zum Servieren in Stücke schneiden. Zum Servieren den Bratensaft über die Ente gießen.

Ente mit Birnen und Kastanien

Für 4 Personen
225 g Kastanien, geschält
1 Ente
45 ml / 3 Esslöffel Erdnussöl (Erdnussöl).
250 ml / 8 fl oz / 1 Tasse Hühnerbrühe
45 ml / 3 Esslöffel Sojasauce
15 ml / 1 Esslöffel Reiswein oder trockener Sherry
5 ml / 1 Teelöffel Salz
1 Scheibe Ingwerwurzel, gehackt
1 große Birne, geschält und in dicke Scheiben geschnitten
15 ml / 1 Esslöffel Zucker

Die Kastanien 15 Minuten kochen und abtropfen lassen. Die Ente in 5 cm große Stücke schneiden, das Öl erhitzen und die Ente darin von allen Seiten leicht bräunen lassen. Überschüssiges Öl abgießen und dann Brühe, Sojasauce, Wein oder Sherry, Salz und Ingwer hinzufügen. Zum Kochen bringen, abdecken und 25 Minuten köcheln lassen, dabei gelegentlich umrühren. Die

Kastanien dazugeben und zugedeckt weitere 15 Minuten köcheln lassen. Die Birne mit Zucker bestreuen, in die Pfanne geben und etwa 5 Minuten köcheln lassen, bis sie durchgeheizt ist.

Pekingente

Für 6

1 Ente

250 ml / 8 fl oz / 1 Tasse Wasser

120 ml / 4 fl oz / ½ Tasse Honig

120 ml / 4 fl oz / ½ Tasse Sesamöl

Für die Pfannkuchen:

250 ml / 8 fl oz / 1 Tasse Wasser

225 g / 8 oz / 2 Tassen einfaches Mehl (Allzweck)

Erdnussöl zum Braten

Für die Soßen:

120 ml / 4 fl oz / ½ Tasse Hoisinsauce

30 ml / 2 Esslöffel brauner Zucker

30 ml / 2 Esslöffel Sojasauce

5 ml / 1 Teelöffel Sesamöl

6 Frühlingszwiebeln (Frühlingszwiebeln), der Länge nach geschnitten

1 Gurke in Streifen schneiden

Die Ente muss ganz sein und die Haut muss intakt sein. Binden Sie den Hals mit einer Schnur fest und nähen oder fädeln Sie die untere Öffnung ein. Schneiden Sie einen kleinen Schlitz seitlich in den Hals, stecken Sie einen Strohhalm hinein und blasen Sie Luft unter die Haut, bis sie sich aufbläht. Hängen Sie die Ente über eine Schüssel und lassen Sie sie 1 Stunde ruhen.

Einen Topf mit Wasser zum Kochen bringen, die Ente dazugeben und 1 Minute kochen lassen, dann herausnehmen und gut trocknen. Bringen Sie das Wasser zum Kochen und fügen Sie den Honig hinzu. Die Mischung in die Entenhaut einreiben, bis sie gesättigt ist. Hängen Sie die Ente etwa 8 Stunden lang über einen Behälter an einen kühlen, luftigen Ort, bis die Haut hart ist.

Hängen Sie die Ente auf oder legen Sie sie auf einen Rost über einem Bräter und braten Sie sie im vorgeheizten Ofen bei 180 °C/350 °F/Gasstufe 4 etwa 1½ Stunden lang, wobei Sie sie regelmäßig mit Sesamöl beträufeln.

Für die Pfannkuchen das Wasser zum Kochen bringen und dann nach und nach das Mehl hinzufügen. Leicht kneten, bis der Teig weich ist, mit einem feuchten Tuch abdecken und 15 Minuten ruhen lassen. Auf einer bemehlten Fläche ausrollen und zu einem länglichen Zylinder formen. In 2,5 cm dicke Scheiben schneiden, dann auf eine Dicke von etwa 5 mm flach drücken und die

Oberseite mit Öl bestreichen. Paarweise so stapeln, dass sich die geölten Oberflächen berühren, und die Außenseite leicht mit Mehl bestäuben. Rollen Sie die Paare auf eine Breite von etwa 10 cm aus und braten Sie sie paarweise etwa 1 Minute lang auf jeder Seite, bis sie leicht gebräunt sind. Bis zum Servieren trennen und stapeln.

Bereiten Sie die Saucen vor, indem Sie die Hälfte der Hoisinsauce mit dem Zucker und den Rest der Hoisinsauce mit der Sojasauce und dem Sesamöl vermischen.

Nehmen Sie die Ente aus dem Ofen, schneiden Sie die Haut ab, schneiden Sie sie in Quadrate und schneiden Sie das Fleisch in Würfel. Auf separaten Tellern anrichten und mit Pfannkuchen, Saucen und Beilagen servieren.

Geschmorte Ente mit Ananas

Für 4 Personen

1 Ente

400 g/14 oz Ananasstücke aus der Dose in Sirup

45 ml / 3 Esslöffel Sojasauce

5 ml / 1 Teelöffel Salz

Prise frisch gemahlener Pfeffer

Legen Sie die Ente in eine Bratpfanne mit schwerem Boden, bedecken Sie sie mit Wasser, bringen Sie sie zum Kochen, decken Sie sie ab und lassen Sie sie 1 Stunde lang köcheln. Den Ananassirup mit der Sojasauce, Salz und Pfeffer in die Pfanne abgießen, abdecken und bei schwacher Hitze weitere 30 Minuten kochen lassen. Die Ananasstücke dazugeben und weitere 15 Minuten köcheln lassen, bis die Ente weich ist.

Sautierte Ente mit Ananas

Für 4 Personen

1 Ente
45 ml / 3 Esslöffel Maismehl (Maisstärke)
45 ml / 3 Esslöffel Sojasauce
225 g Ananas aus der Dose in Sirup
45 ml / 3 Esslöffel Erdnussöl (Erdnussöl).
2 Scheiben Ingwerwurzel, in Streifen schneiden
15 ml / 1 Esslöffel Reiswein oder trockener Sherry
5 ml / 1 Teelöffel Salz

Das Fleisch vom Knochen lösen und in Stücke schneiden. Mischen Sie die Sojasauce mit 30 ml/2 EL Speisestärke und vermengen Sie sie mit der Ente, bis sie gut bedeckt ist. 1 Stunde ruhen lassen, dabei gelegentlich umrühren. Ananas und Sirup zerdrücken und in einer Pfanne vorsichtig erhitzen. Die restliche Speisestärke mit etwas Wasser vermischen, in die Pfanne rühren und bei schwacher Hitze unter Rühren kochen, bis die Soße eindickt. Warm bleiben. Das Öl erhitzen und den Ingwer anbraten, bis er leicht goldbraun ist. Anschließend den Ingwer wegwerfen. Die Ente dazugeben und anbraten, bis sie von allen Seiten leicht gebräunt ist. Wein oder Sherry und Salz hinzufügen und noch ein paar Minuten braten, bis die Ente gar ist. Die Ente auf einen vorgewärmten Teller legen, mit der Soße übergießen und sofort servieren.

Ente mit Ananas und Ingwer

Für 4 Personen

1 Ente
100 g konservierter Ingwer in Sirup
200 g Ananasstücke aus der Dose in Sirup
5 ml / 1 Teelöffel Salz
15 ml / 1 Esslöffel Speisestärke (Maisstärke)
30 ml / 2 Esslöffel Wasser

Legen Sie die Ente in eine hitzebeständige Schüssel und senken Sie sie in einen mit Wasser gefüllten Topf, bis sie zu zwei Dritteln über den Schüsselrand reicht. Zum Kochen bringen, abdecken und etwa 2 Stunden köcheln lassen, bis die Ente weich ist. Die Ente herausnehmen und etwas abkühlen lassen. Haut und Knochen entfernen und die Ente in Stücke schneiden. Auf einem Servierteller anrichten und warm halten.

Den Ingwer- und Ananassirup in einer Pfanne abtropfen lassen, Salz, Maismehl und Wasser hinzufügen. Unter Rühren zum Kochen bringen und einige Minuten unter Rühren köcheln lassen, bis die Soße klar wird und eindickt. Ingwer und Ananas hinzufügen, umrühren und zum Servieren über die Ente gießen.

Ente mit Ananas und Litschis

Für 4 Personen

4 Entenbrüste

15 ml / 1 Esslöffel Sojasauce

1 Zehe Sternanis

1 Scheibe Ingwerwurzel

Erdnussöl zum Braten

90 ml / 6 Esslöffel Weinessig

100 g / 4 oz / ½ Tasse brauner Zucker

250 ml / 8 fl oz / ½ Tasse Hühnerbrühe

15 ml / 1 Esslöffel Tomatensauce (Ketchup)

200 g Ananasstücke aus der Dose in Sirup

15 ml / 1 Esslöffel Speisestärke (Maisstärke)

6 Litschis aus der Dose

6 Maraschino-Kirschen

Enten, Sojasauce, Anis und Ingwer in einen Topf geben und mit kaltem Wasser bedecken. Zum Kochen bringen, das Fett abschöpfen, dann zugedeckt etwa 45 Minuten köcheln lassen, bis die Ente gar ist. Abtropfen lassen und trocknen. Im heißen Öl knusprig braten.

In der Zwischenzeit Weinessig, Zucker, Brühe, Tomatensauce und 30 ml/2 EL Ananassirup in einem Topf verrühren, zum

Kochen bringen und etwa 5 Minuten köcheln lassen, bis die Flüssigkeit eingedickt ist. Fügen Sie die Früchte hinzu und erhitzen Sie sie, bevor Sie sie zum Servieren über die Ente gießen.

Ente mit Schweinefleisch und Kastanien

Für 4 Personen

6 getrocknete chinesische Pilze

1 Ente

225 g Kastanien, geschält

225 g mageres Schweinefleisch, gewürfelt

3 Frühlingszwiebeln (Frühlingszwiebeln), gehackt

1 Scheibe Ingwerwurzel, gehackt

250 ml / 8 fl oz / 1 Tasse Sojasauce

900 ml / 1½ pts / 3¾ Tassen Wasser

Die Pilze 30 Minuten in warmem Wasser einweichen und dann abtropfen lassen. Die Stiele entfernen und die Spitzen abschneiden. Mit allen restlichen Zutaten in eine große Bratpfanne geben, zum Kochen bringen, abdecken und bei schwacher Hitze etwa anderthalb Stunden garen, bis die Ente gar ist.

Ente mit Kartoffeln

Für 4 Personen

75 ml / 5 Esslöffel Erdnussöl (Erdnussöl).

1 Ente

3 Knoblauchzehen, zerdrückt

30 ml / 2 Esslöffel schwarze Bohnensauce

10 ml / 2 Teelöffel Salz

1,2 l / 2 pts / 5 Tassen Wasser

2 Lauch, in dicke Scheiben geschnitten

15 ml / 1 Esslöffel Zucker

45 ml / 3 Esslöffel Sojasauce

60 ml / 4 Esslöffel Reiswein oder trockener Sherry

1 Zehe Sternanis

900 g Kartoffeln, in dicke Scheiben geschnitten

½ Kopf chinesischer Blätter

15 ml / 1 Esslöffel Speisestärke (Maisstärke)

30 ml / 2 Esslöffel Wasser

glatte Petersilienzweige

60 ml/4 EL Öl erhitzen und die Ente von allen Seiten goldbraun braten. Binden oder nähen Sie das Ende des Halses zusammen und legen Sie die Ente mit der Halsseite nach unten in eine tiefe

Schüssel. Das restliche Öl erhitzen und den Knoblauch anbraten, bis er leicht goldbraun ist. Die schwarze Bohnensauce und das Salz hinzufügen und 1 Minute anbraten. Wasser, Lauch, Zucker, Sojasauce, Wein oder Sherry und Sternanis hinzufügen und zum Kochen bringen. Gießen Sie 120 ml / 8 fl oz / 1 Tasse der Mischung in den Hohlraum der Ente und binden oder nähen Sie sie fest. Den Rest der Mischung in der Pfanne zum Kochen bringen. Ente und Kartoffeln dazugeben, abdecken und 40 Minuten köcheln lassen, dabei die Ente einmal wenden. Legen Sie die chinesischen Blätter auf einen Servierteller. Die Ente aus der Pfanne nehmen, In 5 cm/2 cm große Stücke schneiden und mit den Kartoffeln auf den Servierteller legen. Die Speisestärke mit dem Wasser zu einer Paste vermischen, in die Pfanne rühren und bei schwacher Hitze unter Rühren kochen, bis die Soße eindickt.

Rote gekochte Ente

Für 4 Personen

1 Ente
4 Frühlingszwiebeln (Frühlingszwiebeln), in Stücke geschnitten
2 Scheiben Ingwerwurzel, in Streifen schneiden
90 ml / 6 Esslöffel Sojasauce
45 ml / 3 Esslöffel Reiswein oder trockener Sherry
10 ml / 2 Teelöffel Salz
10 ml / 2 Teelöffel Zucker

Legen Sie die Ente in eine schwere Pfanne, bedecken Sie sie mit Wasser und bringen Sie sie zum Kochen. Frühlingszwiebeln, Ingwer, Wein oder Sherry und Salz hinzufügen, abdecken und etwa 1 Stunde köcheln lassen. Den Zucker hinzufügen und weitere 45 Minuten köcheln lassen, bis die Ente zart ist. Die Ente auf einen Servierteller legen und heiß oder kalt servieren, mit oder ohne Sauce.

In Reiswein gebratene Ente

Für 4 Personen

1 Ente
500 ml / 14 fl oz / 1¾ Tassen Reiswein oder trockener Sherry
5 ml / 1 Teelöffel Salz
45 ml / 3 Esslöffel Sojasauce

Die Ente mit Sherry und Salz in eine Bratpfanne mit schwerem Boden geben, zum Kochen bringen und zugedeckt 20 Minuten köcheln lassen. Die Ente abtropfen lassen, dabei die Flüssigkeit auffangen und mit Sojasauce einreiben. Auf einen Rost in einer mit etwas heißem Wasser gefüllten Bratpfanne legen und im vorgeheizten Backofen bei 180 °C/350 °F/Gas Stufe 4 etwa 1 Stunde lang rösten, dabei regelmäßig mit der zurückbehaltenen Weinflüssigkeit begießen.

Gedämpfte Ente mit Reiswein

Für 4 Personen

1 Ente
4 Frühlingszwiebeln (Frühlingszwiebeln), halbieren
1 Scheibe Ingwerwurzel, gehackt
250 ml / 8 fl oz / 1 Tasse Reiswein oder trockener Sherry
30 ml / 2 Esslöffel Sojasauce
Prise Salz

Die Ente 5 Minuten in kochendem Wasser blanchieren und abtropfen lassen. Mit den restlichen Zutaten in eine hitzebeständige Schüssel geben. Stellen Sie die Schüssel in einen mit Wasser gefüllten Topf, bis dieser zu zwei Dritteln über den Schüsselrand reicht. Zum Kochen bringen, abdecken und etwa 2 Stunden köcheln lassen, bis die Ente weich ist. Vor dem Servieren die Frühlingszwiebeln und den Ingwer wegwerfen.

Gesalzene Ente

Für 4 Personen

45 ml / 3 Esslöffel Erdnussöl (Erdnussöl).

4 Entenbrüste

3 Frühlingszwiebeln (Frühlingszwiebeln), in Scheiben geschnitten

2 Knoblauchzehen, zerdrückt

1 Scheibe Ingwerwurzel, gehackt

250 ml / 8 fl oz / 1 Tasse Sojasauce

30 ml / 2 Esslöffel Reiswein oder trockener Sherry

30 ml / 2 Esslöffel brauner Zucker

5 ml / 1 Teelöffel Salz

450 ml / ¾ pt / 2 Tassen Wasser

15 ml / 1 Esslöffel Speisestärke (Maisstärke)

Das Öl erhitzen und die Entenbrüste goldbraun braten. Frühlingszwiebeln, Knoblauch und Ingwer hinzufügen und 2 Minuten anbraten. Sojasauce, Wein oder Sherry, Zucker und Salz hinzufügen und gut vermischen. Das Wasser hinzufügen, zum Kochen bringen und zugedeckt etwa anderthalb Stunden köcheln lassen, bis das Fleisch sehr zart ist. Die Speisestärke mit etwas Wasser vermischen, dann in die Pfanne rühren und bei schwacher Hitze unter Rühren kochen, bis die Soße eindickt.

Gesalzene Ente mit grünen Bohnen

Für 4 Personen
45 ml / 3 Esslöffel Erdnussöl (Erdnussöl).
4 Entenbrüste
3 Frühlingszwiebeln (Frühlingszwiebeln), in Scheiben geschnitten
2 Knoblauchzehen, zerdrückt
1 Scheibe Ingwerwurzel, gehackt
250 ml / 8 fl oz / 1 Tasse Sojasauce
30 ml / 2 Esslöffel Reiswein oder trockener Sherry
30 ml / 2 Esslöffel brauner Zucker
5 ml / 1 Teelöffel Salz
450 ml / ¾ pt / 2 Tassen Wasser
225 g grüne Bohnen
15 ml / 1 Esslöffel Speisestärke (Maisstärke)

Das Öl erhitzen und die Entenbrüste goldbraun braten. Frühlingszwiebeln, Knoblauch und Ingwer hinzufügen und 2 Minuten anbraten. Sojasauce, Wein oder Sherry, Zucker und Salz hinzufügen und gut vermischen. Das Wasser hinzufügen, zum

Kochen bringen, abdecken und etwa 45 Minuten köcheln lassen. Die Bohnen hinzufügen, abdecken und weitere 20 Minuten köcheln lassen. Die Speisestärke mit etwas Wasser vermischen, dann in die Pfanne rühren und bei schwacher Hitze unter Rühren kochen, bis die Soße eindickt.

Langsam gegarte Ente

Für 4 Personen

1 Ente

50 g / 2 oz / ½ Tasse Maismehl (Maisstärke)

Öl zum braten

2 Knoblauchzehen, zerdrückt

30 ml / 2 Esslöffel Reiswein oder trockener Sherry

30 ml / 2 Esslöffel Sojasauce

5 ml / 1 Teelöffel geriebene Ingwerwurzel

750 ml / 1¼ pts / 3 Tassen Hühnerbrühe

4 getrocknete chinesische Pilze

225 g Bambussprossen, in Scheiben geschnitten

225 g Wasserkastanien, in Scheiben geschnitten

10 ml / 2 Teelöffel Zucker

Prise Pfeffer

5 Frühlingszwiebeln (Frühlingszwiebeln), in Scheiben geschnitten

Die Ente in kleine Stücke schneiden. Reservieren Sie 30 ml/2 EL Speisestärke und bestreichen Sie die Ente mit der restlichen Speisestärke. Überschüssigen Staub entfernen. Das Öl erhitzen und den Knoblauch und die Ente darin anbraten, bis sie leicht goldbraun sind. Aus der Pfanne nehmen und auf Küchenpapier abtropfen lassen. Ente in eine große Pfanne geben. Wein oder Sherry, 15 ml/1 Esslöffel Sojasauce und Ingwer vermischen. In die Pfanne geben und bei starker Hitze 2 Minuten kochen lassen. Die Hälfte der Brühe hinzufügen, aufkochen lassen und zugedeckt ca. 1 Stunde köcheln lassen, bis die Ente weich ist.

In der Zwischenzeit die Pilze 30 Minuten in warmem Wasser einweichen und dann abtropfen lassen. Die Stiele entfernen und die Spitzen abschneiden. Pilze, Bambussprossen und Wasserkastanien zur Ente geben und unter häufigem Rühren 5 Minuten kochen lassen. Fett aus der Flüssigkeit abschöpfen. Restliche Brühe, Speisestärke und Sojasauce mit Zucker und Pfeffer vermischen und in die Pfanne rühren. Unter Rühren zum Kochen bringen und dann etwa 5 Minuten köcheln lassen, bis die Sauce eindickt. In eine warme Servierschüssel geben und mit Frühlingszwiebeln garniert servieren.

Sautierte Ente

Für 4 Personen

1 Eiweiß, leicht geschlagen

20 ml / 1½ Esslöffel Maismehl (Maisstärke)

Salz

450 g/1 Pfund Entenbrust, in dünne Scheiben geschnitten

45 ml / 3 Esslöffel Erdnussöl (Erdnussöl).

2 Frühlingszwiebeln (Frühlingszwiebeln), in Streifen schneiden

1 grüne Paprika in Streifen schneiden

5 ml / 1 Teelöffel Reiswein oder trockener Sherry

75 ml / 5 Esslöffel Hühnerbrühe

2,5 ml / ½ Teelöffel Zucker

Das Eiweiß mit 15 ml / 1 Esslöffel Speisestärke und einer Prise Salz verrühren. Die in Scheiben geschnittene Ente dazugeben und schwenken, bis die Ente bedeckt ist. Erhitzen Sie das Öl und braten Sie die Ente, bis sie gut gegart und goldbraun ist. Nehmen Sie die Ente aus der Pfanne und lassen Sie alles bis auf 30 ml/2 EL Öl abtropfen. Schnittlauch und Pfeffer dazugeben und 3 Minuten anbraten. Wein oder Sherry, Brühe und Zucker hinzufügen und zum Kochen bringen. Die restliche Speisestärke mit etwas Wasser vermischen, in die Soße einrühren und bei schwacher Hitze unter Rühren kochen, bis die Soße eindickt. Die Ente dazugeben, erhitzen und servieren.

Ente mit Süßkartoffeln

Für 4 Personen

1 Ente

250 ml / 8 fl oz / 1 Tasse Erdnussöl (Erdnussöl).

225 g Süßkartoffeln, geschält und gewürfelt

2 Knoblauchzehen, zerdrückt

1 Scheibe Ingwerwurzel, gehackt

2,5 ml / ½ Teelöffel Zimt

2,5 ml / ½ Teelöffel gemahlene Nelken

Prise gemahlener Anis

5 ml / 1 Teelöffel Zucker

15 ml / 1 Esslöffel Sojasauce

250 ml / 8 fl oz / 1 Tasse Hühnerbrühe

15 ml / 1 Esslöffel Speisestärke (Maisstärke)

30 ml / 2 Esslöffel Wasser

Die Ente in 5 cm große Stücke schneiden, das Öl erhitzen und die Kartoffeln goldbraun braten. Aus der Pfanne nehmen und alles bis auf 30 ml/2 EL Öl abtropfen lassen. Knoblauch und Ingwer dazugeben und 30 Sekunden anbraten. Die Ente dazugeben und anbraten, bis sie von allen Seiten leicht gebräunt ist. Gewürze,

Zucker, Sojasauce und Brühe hinzufügen und zum Kochen bringen. Die Kartoffeln dazugeben, abdecken und etwa 20 Minuten köcheln lassen, bis die Ente weich ist. Das Maismehl mit dem Wasser zu einer Paste vermischen, dann in die Pfanne geben und bei schwacher Hitze unter Rühren kochen, bis die Soße eindickt.

süß-saure Ente

Für 4 Personen

1 Ente

1,2 l / 2 Pt. / 5 Tassen Hühnerbrühe

2 Zwiebeln

2 Karotten

2 Knoblauchzehen, in Scheiben geschnitten

15 ml / 1 Esslöffel Gewürze zum Einlegen

10 ml / 2 Teelöffel Salz

10 ml / 2 Teelöffel Erdnussöl

6 Frühlingszwiebeln (Frühlingszwiebeln), gehackt

1 Mango, geschält und in Würfel geschnitten

12 Litschis, halbiert

15 ml / 1 Esslöffel Speisestärke (Maisstärke)

15 ml / 1 Esslöffel Weinessig

10 ml / 2 Teelöffel Tomatenpüree (Paste)

15 ml / 1 Esslöffel Sojasauce

5 ml/1 Teelöffel Fünf-Gewürze-Pulver

300 ml / ½ pt / 1¼ Tassen Hühnerbrühe

Legen Sie die Ente in einen Dampfkorb über einer Pfanne mit Brühe, Zwiebeln, Karotten, Knoblauch, Gurke und Salz. Abdecken und zweieinhalb Stunden dämpfen. Die Ente abkühlen lassen, abdecken und 6 Stunden abkühlen lassen. Fleisch von den Knochen lösen und in Würfel schneiden. Das Öl erhitzen und die Ente und die Frühlingszwiebeln darin knusprig anbraten. Die restlichen Zutaten dazugeben, aufkochen und unter Rühren 2 Minuten köcheln lassen, bis die Sauce eindickt.

Mandarinente

Für 4 Personen

1 Ente
60 ml / 4 Esslöffel Erdnussöl
1 Stück getrocknete Mandarinenschale
900 ml / 1½ Pts / 3¾ Tassen Hühnerbrühe
5 ml / 1 Teelöffel Salz

Hängen Sie die Ente 2 Stunden lang zum Trocknen auf. Die Hälfte des Öls erhitzen und die Ente leicht goldbraun braten. In eine große hitzebeständige Schüssel umfüllen. Das restliche Öl erhitzen, die Mandarinenschale 2 Minuten anbraten und dann in die Ente legen. Die Brühe über die Ente gießen und mit Salz würzen. Stellen Sie die Schüssel auf einen Rost in einen Dampfgarer, decken Sie sie ab und dämpfen Sie sie etwa 2 Stunden lang, bis die Ente zart ist.

Ente mit Gemüse

Für 4 Personen

1 große Ente, in 16 Stücke geschnitten
Salz
300 ml / ½ pt / 1¼ Tassen Wasser
300 ml / ½ pt / 1¼ Tassen trockener Weißwein

120 ml / 4 fl oz / ½ Tasse Weinessig

45 ml / 3 Esslöffel Sojasauce

30 ml / 2 Esslöffel Pflaumensauce

30 ml / 2 Esslöffel Hoisinsauce

5 ml/1 Teelöffel Fünf-Gewürze-Pulver

6 Frühlingszwiebeln (Frühlingszwiebeln), gehackt

2 Karotten gehackt

5 cm / 2 gehackter weißer Rettich

50 g Pak Choi, gewürfelt

frisch gemahlener Pfeffer

5 ml / 1 Teelöffel Zucker

Die Entenstücke in eine Schüssel geben, mit Salz bestreuen und Wasser und Wein hinzufügen. Weinessig, Sojasauce, Pflaumensauce, Hoisinsauce und Fünf-Gewürze-Pulver hinzufügen, aufkochen und zugedeckt ca. 1 Stunde köcheln lassen. Das Gemüse in die Pfanne geben, den Deckel abnehmen und weitere 10 Minuten köcheln lassen. Mit Salz, Pfeffer und Zucker würzen und abkühlen lassen. Abdecken und über Nacht kühl stellen. Das Fett abschöpfen und die Ente anschließend 20 Minuten in der Soße erhitzen.

Sautierte Ente mit Gemüse

Für 4 Personen

4 getrocknete chinesische Pilze

1 Ente

10 ml / 2 Teelöffel Speisestärke (Maisstärke)

15 ml / 1 Esslöffel Sojasauce

45 ml / 3 Esslöffel Erdnussöl (Erdnussöl).

100 g Bambussprossen, in Streifen geschnitten

50 g Wasserkastanien, in Streifen geschnitten

120 ml / 4 fl oz / ½ Tasse Hühnerbrühe

15 ml / 1 Esslöffel Reiswein oder trockener Sherry

5 ml / 1 Teelöffel Salz

Die Pilze 30 Minuten in warmem Wasser einweichen und dann abtropfen lassen. Die Stiele entfernen und die Spitzen würfeln. Das Fleisch von den Knochen lösen und in Stücke schneiden. Maismehl und Sojasauce vermischen, zum Entenfleisch geben und 1 Stunde ruhen lassen. Das Öl erhitzen und die Ente anbraten, bis sie von allen Seiten leicht gebräunt ist. Aus der Pfanne nehmen. Pilze, Bambussprossen und Wasserkastanien in die Pfanne geben und 3 Minuten braten. Brühe, Wein oder Sherry und Salz hinzufügen, aufkochen und 3 Minuten köcheln lassen. Die Ente wieder in die Pfanne geben, abdecken und weitere 10 Minuten köcheln lassen, bis die Ente zart ist.

Weiße gekochte Ente

Für 4 Personen

1 Scheibe Ingwerwurzel, gehackt
250 ml / 8 fl oz / 1 Tasse Reiswein oder trockener Sherry
Salz und frisch gemahlener Pfeffer
1 Ente
3 Frühlingszwiebeln (Frühlingszwiebeln), gehackt
5 ml / 1 Teelöffel Salz
100 g Bambussprossen, in Scheiben geschnitten
100 g geräucherter Schinken, in Scheiben geschnitten

Ingwer, 15 ml/1 Esslöffel Wein oder Sherry, etwas Salz und Pfeffer vermischen. Auf die Ente reiben und 1 Stunde ruhen lassen. Legen Sie den Vogel mit der Marinade in eine Bratpfanne mit schwerem Boden und fügen Sie die Frühlingszwiebeln und das Salz hinzu. So viel kaltes Wasser hinzufügen, dass die Ente gerade bedeckt ist, zum Kochen bringen, abdecken und etwa 2 Stunden köcheln lassen, bis die Ente weich ist. Bambussprossen und Schinken dazugeben und weitere 10 Minuten köcheln lassen.

Ente mit Wein

Für 4 Personen

1 Ente
15 ml / 1 Esslöffel gelbe Bohnensauce
1 Zwiebel in Scheiben geschnitten
1 Flasche trockener Weißwein

Reiben Sie die Ente innen und außen mit der gelben Bohnensauce ein. Legen Sie die Zwiebel in den Hohlraum. Den Wein in einem großen Topf zum Kochen bringen, die Ente dazugeben, erneut aufkochen lassen und zugedeckt ca. 3 Stunden köcheln lassen, bis die Ente weich ist. Abtropfen lassen und zum Servieren in Scheiben schneiden.

www.ingramcontent.com/pod-product-compliance
Lightning Source LLC
LaVergne TN
LVHW021706060526
838200LV00050B/2529